Peter Mayall

Rozwój nowych generacji chipów dla aplikacji AI na smartfonach

bup

Peter Mayall

Rozwój nowych generacji chipów dla aplikacji AI na smartfonach

ISBN: 978-3-68904-346-9

Copyright: Bremen University Press, Brema, 2024 r. Manuskrypt nie może być wykorzystywany w całości lub w części bez uprzedniej pisemnej zgody wydawcy.

Wydanie pierwsze
Kwiecień 2024 r.
Wersja 1.0
Wydrukowano w Unii Europejskiej
bup@bremenuniversitypress.com
www.bremenuniversitypress.com

Peter Mayall

Rozwój nowych generacji chipów dla aplikacji AI na smartfonach

Przegląd

WPROWADZENIE 4

ROLA NOWOCZESNYCH CHIPÓW W ROZWOJU SZTUCZNEJ INTELIGENCJI 25

SMARTFONY JAKO PLATFORMA DLA APLIKACJI AI 37

PODSTAWY SZTUCZNEJ INTELIGENCJI I JEJ ZALEŻNOŚĆ OD SPRZĘTU 47

MOCE OBLICZENIOWE DLA ALGORYTMÓW SZTUCZNEJ INTELIGENCJI 67

EWOLUCJA NOWOCZESNYCH CHIPÓW DO ZASTOSOWAŃ AI 87

PRZYSZŁE TRENDY I INNOWACJE 106

Spis treści

WPROWADZENIE 4

Ewolucja technologii sztucznej inteligencji 5
Sztuczna inteligencja: oprogramowanie czy sprzęt? 9
Oprogramowanie 9
Sprzęt 19
Interakcja między oprogramowaniem a sprzętem 21

ROLA NOWOCZESNYCH CHIPÓW W ROZWOJU SZTUCZNEJ INTELIGENCJI 25

Przyspieszenie szkolenia modeli sztucznej inteligencji 25
Umożliwienie tworzenia bardziej złożonych modeli 27
Poprawa wydajności i redukcja kosztów 29
Promocja aplikacji czasu rzeczywistego 30
Dostosowanie do specyficznych wymagań 32
Przyszłość chipów AI 34

SMARTFONY JAKO PLATFORMA DLA APLIKACJI AI 37

Wszechobecność i dostępność 37
Wydajny sprzęt 37
Czujniki i gromadzenie danych 41
Poprawa doświadczenia użytkownika 41
Promocja rozwoju i innowacji 43

PODSTAWY SZTUCZNEJ INTELIGENCJI I JEJ ZALEŻNOŚĆ OD SPRZĘTU 47

Moc obliczeniowa 47
Pamięć i przepustowość pamięci 48
Efektywność energetyczna 51
Specjalizacja vs. generalizacja 51

DOSTĘPNOŚĆ	53
PODSTAWOWE KONCEPCJE I ZASTOSOWANIA SZTUCZNEJ INTELIGENCJI I UCZENIA MASZYNOWEGO	54
PODSTAWOWE KONCEPCJE SZTUCZNEJ INTELIGENCJI	54
PODSTAWOWE KONCEPCJE UCZENIA MASZYNOWEGO	59

MOCE OBLICZENIOWE DLA ALGORYTMÓW SZTUCZNEJ INTELIGENCJI 67

OBSZERNE REJESTRY DANYCH	67
ZŁOŻONOŚĆ MODELI	68
WYMAGANIA DOTYCZĄCE CZASU RZECZYWISTEGO	68
TRENING ITERACYJNY I OPTYMALIZACJA	68
SPECJALISTYCZNY SPRZĘT	69
RODZAJE CHIPÓW UŻYWANYCH W SZTUCZNEJ INTELIGENCJI	69
PROCESORY (JEDNOSTKI CENTRALNE)	70
WYKORZYSTANIE PROCESORÓW W SZTUCZNEJ INTELIGENCJI	71
PROCESORY GRAFICZNE (GRAPHICS PROCESSING UNITS)	73
JEDNOSTKI TPU (TENSOR PROCESSING UNITS)	78
UKŁADY FPGA (FIELD-PROGRAMMABLE GATE ARRAYS)	82

EWOLUCJA NOWOCZESNYCH CHIPÓW DO ZASTOSOWAŃ AI 87

HISTORIA ROZWOJU SPRZĘTU SPECJALNIE DLA APLIKACJI AI.	87
SPECJALIZACJA I OPTYMALIZACJA: OD GPU DO TPU I NIE TYLKO.	90
STUDIA PRZYPADKÓW: SZTUCZNA INTELIGENCJA W SMARTFONACH I ZWIĄZANE Z NIĄ CHIPY	93
WYSPECJALIZOWANE PROCESORY	94
DEDYKOWANE CHIPY AI	95
PRZYKŁADY CHIPÓW AI W SMARTFONACH	96
SILNIK NEURONOWY APPLE	96
JEDNOSTKA PRZETWARZANIA TENSOROWEGO GOOGLE (TPU)	98
CHIPSET HUAWEI KIRIN Z NPU	101
CZUJNIKI I INNE KOMPONENTY SPRZĘTOWE	104
OPTYMALIZACJE NA POZIOMIE OPROGRAMOWANIA	104

PRZYSZŁE TRENDY I INNOWACJE 106

DALSZY ROZWÓJ WYSPECJALIZOWANYCH CHIPÓW AI 106
POPRAWA EFEKTYWNOŚCI ENERGETYCZNEJ 107
INTEGRACJA SZTUCZNEJ INTELIGENCJI WE WSZYSTKICH ASPEKTACH TECHNOLOGII
SMARTFONÓW 107
EDGE COMPUTING I ROLA CHMURY OBLICZENIOWEJ 109
NOWE MATERIAŁY I TECHNIKI PRODUKCJI 112
WYZWANIA W DALSZYM ROZWOJU CHIPÓW AI DLA SMARTFONÓW 114

Wprowadzenie

Rozwój nowych generacji chipów specjalnie dla aplikacji AI na smartfonach nabiera tempa. Te nowe chipy zostały zaprojektowane w celu optymalizacji wydajności i efektywności funkcji AI na urządzeniach mobilnych. Ich konstrukcja uwzględnia nie tylko potrzebę szybszego wykonywania złożonych obliczeń, ale także minimalizacji zużycia energii w celu wydłużenia żywotności baterii. Te wyspecjalizowane chipy umożliwiają szereg zaawansowanych funkcji, takich jak ulepszone przetwarzanie obrazu, przetwarzanie języka naturalnego i tłumaczenie w czasie rzeczywistym poprzez wydajne przetwarzanie uczenia maszynowego i głębokich sieci neuronowych bezpośrednio na urządzeniu.

W centrum tych innowacji znajduje się zarówno dalszy rozwój architektury chipów, jak i wykorzystanie nowych materiałów i metod produkcji. Rozwój ten ma na celu stworzenie chipów, które są nie tylko szybsze i bardziej wydajne, ale mogą być również produkowane w coraz mniejszych formatach, aby pasowały do smukłej konstrukcji nowoczesnych smartfonów. Pomagają one również poprawić ochronę danych, ponieważ więcej danych może być przetwarzanych bezpośrednio na urządzeniu bez konieczności przesyłania ich do chmury.

Te nowe chipy do zastosowań AI w smartfonach symbolizują znaczący krok naprzód w technologii mobilnej, umożliwiając płynną i wydajną integrację zaawansowanych funkcji AI w codziennym życiu.

Autor pracuje w dziale badań i rozwoju w dużej firmie produkującej układy scalone.

Ewolucja technologii AI

Ewolucja sztucznej inteligencji (AI) trwa już od kilku dekad i ma obecnie wpływ na niemal każdy aspekt ludzkiego społeczeństwa. Rozwój ten nie tylko zmienił sposób, w jaki pracujemy, komunikujemy się i uczymy, ale także rodzi fundamentalne pytania dotyczące etyki, prywatności i przyszłości ludzkiej pracy.

Początki sztucznej inteligencji sięgają lat 50. ubiegłego wieku, kiedy to na konferencji w Dartmouth w 1956 roku po raz pierwszy ukuto termin "sztuczna inteligencja". W tym czasie opracowano podstawowe koncepcje i algorytmy, które są nadal aktualne. Ta wczesna faza charakteryzowała się dużym optymizmem, ale naukowcy wkrótce napotkali ograniczenia wydajności komputerów i dostępnych wówczas algorytmów.

W kolejnych dziesięcioleciach badania nad sztuczną inteligencją przeżywały wzloty i upadki, często określane jako "zimy AI", okresy, w których finansowanie i zainteresowanie sztuczną inteligencją spadały z powodu niespełnionych oczekiwań. Pomimo tych wyzwań, naukowcy poczynili znaczące postępy w konkretnych obszarach, takich jak tłumaczenie maszynowe, rozpoznawanie mowy i systemy eksperckie, które kodyfikują wiedzę ekspertów w danej dziedzinie.

Decydującym punktem zwrotnym dla sztucznej inteligencji był rozwój potężniejszych komputerów i pojawienie się Internetu, co umożliwiło gromadzenie i analizowanie ogromnych ilości danych. Doprowadziło to do rozwoju uczenia maszynowego, w szczególności głębokiego uczenia, techniki opartej na głębokich sieciach neuronowych. Sieci neuronowe to podstawowa koncepcja uczenia maszynowego i sztucznej inteligencji, inspirowana sposobem działania ludzkiego mózgu. Składają się one z dużej liczby prostych, połączonych ze sobą jednostek, zwanych sztucznymi neuronami, które przetwarzają dane, rozpoznając w nich określone wzorce i cechy. Połączenia między tymi neuronami mają wagi, które dostosowują się podczas procesu uczenia się, aby skuteczniej wykonywać określone zadania, takie jak rozpoznawanie obrazów i mowy, przewidywanie i podejmowanie decyzji.

Metody te umożliwiły rozpoznawanie złożonych wzorców w danych i uczenie się wykonywania zadań, takich jak rozpoznawanie obrazów i mowy, z poziomem dokładności, który wcześniej nie był możliwy.

Postępy te przyspieszyły integrację sztucznej inteligencji z codziennym życiem, od osobistych asystentów, takich jak Siri i Alexa, przez systemy rekomendacji, które kontrolują treści, które oglądamy na platformach takich jak Netflix i YouTube, po bardziej zaawansowane aplikacje, takie jak autonomiczne pojazdy i spersonalizowana medycyna. Zdolność sztucznej inteligencji do szybkiej analizy dużych ilości danych doprowadziła również do przełomów w takich obszarach jak finanse, produkcja i badania naukowe.

Wpływ sztucznej inteligencji na społeczeństwo jest jednak obosieczny. Choć ma ona potencjał do zwiększenia produktywności, tworzenia nowych produktów i usług oraz dostarczania rozwiązań złożonych problemów, istnieją również poważne obawy dotyczące wpływu na świat pracy, prywatność oraz etyczne aspekty automatyzacji i nadzoru. Rosnąca automatyzacja może doprowadzić do znaczących zmian w świecie pracy, z możliwością zniknięcia lub radykalnej zmiany wielu tradycyjnych zawodów.

Podobnie, wykorzystanie sztucznej inteligencji w systemach nadzoru i podejmowaniu decyzji wiąże się z kwestiami prywatności, stronniczości i przejrzystości. Zdolność algorytmów do podejmowania decyzji, które mogą mieć znaczący wpływ na życie ludzi, bez możliwości łatwego zrozumienia lub przeanalizowania procesów leżących u ich podstaw, doprowadziła do debaty na temat potrzeby wytycznych etycznych i większej regulacji.

Można powiedzieć, że ewolucja technologii sztucznej inteligencji wpłynęła na społeczeństwo w sposób transformacyjny, otwierając nowe możliwości, ale także stawiając nowe wyzwania i pytania dotyczące jej zastosowania i wpływu. Przyszłość sztucznej inteligencji będzie zależeć nie tylko od postępu technologicznego, ale także od tego, jak społeczeństwa poradzą sobie z tymi wyzwaniami

Rozwój i integracja sztucznej inteligencji z różnymi aspektami naszego życia i pracy niesie ze sobą ogromny potencjał transformacji. Systemy AI mogą często wykonywać zadania szybciej i dokładniej niż ludzie, zwłaszcza w przypadku zadań powtarzalnych lub wymagających dużej ilości danych, co prowadzi do wzrostu wydajności i produktywności. Jedną z największych zalet sztucznej inteligencji jest jej zdolność do analizowania dużych ilości danych, rozpoznawania wzorców i podejmowania świadomych decyzji, które mogą być stosowane w obszarach takich jak analiza finansowa, diagnostyka medyczna i badania klimatu.

Sztuczna inteligencja umożliwia również bezprecedensową personalizację produktów i usług, od edukacji i medycyny po handel detaliczny, i dostosowuje się do konkretnych potrzeb i preferencji użytkowników. Ponadto sztuczna inteligencja napędza rozwój nowych technologii i rozwiązań w różnych sektorach oraz poprawia jakość życia poprzez automatyzację i inteligentne systemy wspomagające, które ułatwiają codzienne życie i zapewniają wsparcie osobom niepełnosprawnym.

Sztuczna inteligencja odgrywa również kluczową rolę w radzeniu sobie ze złożonymi globalnymi wyzwaniami, takimi jak zmiany klimatu i badania medyczne, poprzez opracowywanie skutecznych strategii rozwiązywania tych problemów. Sztuczna inteligencja może również rozszerzyć dostęp do edukacji i wiedzy poprzez tworzenie spersonalizowanych środowisk uczenia się i pokonywanie barier językowych.

Pomimo tych pozytywnych perspektyw, wprowadzenie sztucznej inteligencji wymaga starannego rozważenia związanych z nią wyzwań i kwestii etycznych. Kwestie prywatności, bezpieczeństwa pracy i uczciwego wykorzystania sztucznej inteligencji mają kluczowe znaczenie dla zapewnienia, że korzyści płynące z technologii AI zostaną wykorzystane z korzyścią dla wszystkich i nie doprowadzą do nowych form nierówności lub dylematów etycznych.

Sztuczna inteligencja: oprogramowanie czy sprzęt?

Rozwój i postęp sztucznej inteligencji to wzajemne oddziaływanie oprogramowania i sprzętu, przy czym każdy z tych komponentów odgrywa kluczową rolę. Aby zrozumieć, w jaki sposób rozwijana jest sztuczna inteligencja, ważne jest, aby wziąć pod uwagę funkcje i wkład obu aspektów:

Oprogramowanie

Rola oprogramowania w rozwoju sztucznej inteligencji jest równie kluczowa, co złożona.

Oprogramowanie zapewnia narzędzia i metody, za pomocą których systemy sztucznej inteligencji są projektowane, szkolone, testowane i stosowane. Ciągły rozwój technologii oprogramowania w sztucznej inteligencji umożliwił znaczny postęp w różnych obszarach, od automatycznego przetwarzania mowy po widzenie maszynowe i podejmowanie decyzji.

Systemy tradycyjne i podejścia oparte na regułach

We wczesnych dniach sztucznej inteligencji rozwój systemów opartych na regułach, znanych również jako systemy eksperckie, był w centrum zainteresowania.

Systemy te miały na celu symulowanie ludzkich procesów decyzyjnych w określonych obszarach wiedzy specjalistycznej poprzez oparcie ich na kompleksowym zestawie reguł starannie zdefiniowanych przez ekspertów dziedzinowych. Reguły te stanowiły podstawę dla systemów do analizowania problemów, wyciągania wniosków i podejmowania decyzji w sposób podobny do tego, w jaki robiłby to człowiek w danej dziedzinie.

Główną zaletą systemów eksperckich była ich zdolność do zachowania i udostępniania wiedzy i doświadczenia ekspertów w danej dziedzinie. Były one wykorzystywane w różnych dziedzinach, od medycyny, gdzie pomagają w diagnozowaniu, po analizę finansową, gdzie pomagają w ocenie możliwości inwestycyjnych. Systemy eksperckie były w stanie wnieść cenny wkład w te i inne przypadki użycia, skalując wiedzę ekspertów i czyniąc ją użyteczną w sytuacjach, w których eksperci ludzcy mogliby nie być dostępni.

Jednak pomimo swojego sukcesu, systemy oparte na regułach szybko osiągnęły swoje granice. Ich skuteczność zależała w dużej mierze od jakości, kompletności i aktualności reguł, na których były oparte. Ponieważ reguły te były definiowane przez ludzi, musiały być stale weryfikowane i aktualizowane, aby dotrzymać kroku nowym odkryciom i zmianom w obszarze ich zastosowania. Konieczność ta sprawiała, że systemy eksperckie były pracochłonne i kosztowne w utrzymaniu.

Innym problemem związanym z systemami opartymi na regułach był ich brak elastyczności i zdolności adaptacyjnych. Doskonale radziły sobie z rozwiązywaniem jasno zdefiniowanych problemów w ramach zestawu reguł, ale miały trudności z radzeniem sobie z sytuacjami, które wykraczały poza te ramy. To ograniczenie ograniczało ich zastosowanie w złożonych lub nieprzewidywalnych środowiskach, w których eksperci często polegają na intuicji i doświadczeniu w podejmowaniu decyzji.

Wraz z pojawieniem się uczenia maszynowego i głębokiego uczenia, granice sztucznej inteligencji znacznie się rozszerzyły. Te nowsze podejścia pozwalają systemom uczyć się i uogólniać na podstawie danych, zamiast opierać się na predefiniowanych regułach. Pozwala to systemom sztucznej inteligencji reagować bardziej elastycznie na szerszy zakres problemów i lepiej dostosowywać się do zmian i nowych informacji. Niemniej jednak systemy oparte na regułach pozostają cenne w niektórych kontekstach, zwłaszcza tam, gdzie istnieją jasne, dobrze zdefiniowane zasady i gdzie przejrzystość i identyfikowalność procesu decyzyjnego mają kluczowe znaczenie.

Uczenie maszynowe i sieci neuronowe

Rozwój i rozprzestrzenianie się uczenia maszynowego zasadniczo zmieniło i rozszerzyło krajobraz sztucznej inteligencji.

Podczas gdy systemy oparte na regułach opierają się na stałym zestawie reguł zdefiniowanych przez ludzi, modele uczenia maszynowego opierają się na zdolności do uczenia się niezależnie od danych. Modele te identyfikują wzorce i relacje w dużych zbiorach danych i poprawiają swoją wydajność w czasie poprzez doświadczenie, bez konieczności programowania wyraźnych instrukcji lub reguł.

- Zdolność adaptacji i elastyczność: Jedną z największych zalet uczenia maszynowego jest jego zdolność adaptacji. Modele uczenia maszynowego mogą wykonywać zadania i rozwiązywać problemy, dla których nie zostały wyraźnie zaprogramowane. Zdolność ta pozwala systemom sztucznej inteligencji dynamicznie dostosowywać się do nowych danych i zmieniających się środowisk, co czyni je szczególnie cennymi w zastosowaniach, w których zmiany i nieprzewidywalność są normą.
- Analiza danych i rozpoznawanie wzorców: Uczenie maszynowe jest szczególnie skuteczne

w analizowaniu danych i rozpoznawaniu złożonych wzorców, które nie są widoczne dla ludzkiego oka. Jest to wykorzystywane w różnych dziedzinach, od diagnostyki medycznej, gdzie uczenie maszynowe może pomóc w rozpoznawaniu chorób na podstawie subtelnych oznak w danych obrazowych, po świat finansów, gdzie może identyfikować wzorce w danych rynkowych, które wskazują przyszłe trendy.

- Personalizacja: Kolejnym obszarem, w którym uczenie maszynowe ma znaczący wpływ, jest personalizacja. Niezależnie od tego, czy chodzi o dostosowywanie treści reklamowych, selekcjonowanie kanałów informacyjnych w mediach społecznościowych czy rekomendowanie produktów w handlu detalicznym online, uczenie maszynowe umożliwia wysoki stopień personalizacji poprzez uczenie się i przewidywanie indywidualnych preferencji i wzorców zachowań na podstawie danych.
- Automatyzacja: Uczenie maszynowe również napędza automatyzację, przejmując rutynowe zadania i wspierając procesy decyzyjne w obszarach takich jak obsługa klienta, zarządzanie łańcuchem dostaw, a nawet automatyczne prowadzenie pojazdów. Taka automatyzacja może prowadzić do znacznego wzrostu wydajności i pozwolić ludziom skupić się na bardziej złożonych i kreatywnych zadaniach.

Jakość prognoz lub decyzji podejmowanych przez modele uczenia maszynowego zależy w dużej mierze od jakości i różnorodności wykorzystywanych danych szkoleniowych. Stronniczość danych może prowadzić do zniekształconych lub niesprawiedliwych wyników, co podkreśla potrzebę umieszczenia kwestii etycznych w centrum rozwoju systemów sztucznej inteligencji.

Rewolucja wywołana przez uczenie maszynowe w dziedzinie sztucznej inteligencji jest faktem. Ponieważ nadal badamy i wykorzystujemy potencjał tej technologii, kluczowe znaczenie ma ostrożne poruszanie się po związanych z nią wyzwaniach i kwestiach etycznych, aby zapewnić, że korzyści płynące ze sztucznej inteligencji zostaną wykorzystane z korzyścią dla wszystkich.

Uczenie głębokie

Deep learning, wyspecjalizowana i zaawansowana forma uczenia maszynowego, zrewolucjonizowała sposób, w jaki maszyny rozumieją i interpretują dane. Dzięki wykorzystaniu głębokich sieci neuronowych, które składają się z wielu warstw przetwarzania, uczenie głębokie może rozpoznawać złożone wzorce w dużych zbiorach danych. Ta zdolność do uczenia się i uogólniania na podstawie danych doprowadziła do przełomów w wielu dziedzinach i umożliwiła zastosowania, które jeszcze kilka lat temu uważano za futurystyczne.

- Rozpoznawanie obrazów: Jednym z najbardziej uderzających przykładów mocy głębokiego uczenia się jest rozpoznawanie obrazów. Nowoczesne systemy sztucznej inteligencji potrafią analizować obrazy z dokładnością często porównywalną do ludzkiej percepcji. Jest to wykorzystywane w szerokim zakresie zastosowań, od automatycznego tagowania w mediach społecznościowych po wsparcie diagnostyczne w obrazowaniu medycznym i rozpoznawanie obiektów w pojazdach autonomicznych.
- Rozpoznawanie i przetwarzanie mowy: Głębokie uczenie umożliwiło również znaczne postępy w rozpoznawaniu i przetwarzaniu mowy. Asystenci głosowi, tacy jak Siri, Google Assistant i Alexa, opierają się na modelach głębokiego uczenia, które umożliwiają im rozumienie żądań głosowych i reagowanie w języku naturalnym. Technologia ta wspiera również rozwój systemów tłumaczenia w czasie rzeczywistym i ulepszonych pomocy komunikacyjnych dla osób z zaburzeniami mowy.
- Przetwarzanie języka naturalnego (NLP): Poza czystym rozpoznawaniem mowy, głębokie uczenie znacznie poprawiło zdolność komputerów do rozpoznawania i reagowania na znaczenie tekstu. Od chatbotów, które mogą prowadzić realistyczne rozmowy, po systemy analizujące i podsumowujące złożone dokumenty, NLP zmieniło interakcję człowiek-maszyna.

- Wzmocnione uczenie się i podejmowanie decyzji: Głębokie uczenie się napędza również rozwój w dziedzinie uczenia ze wzmocnieniem, w którym systemy sztucznej inteligencji uczą się ze swojego środowiska poprzez nagrody i optymalizują swoje strategie, aby osiągnąć cele. Doprowadziło to do imponujących demonstracji w grach takich jak Go i szachy, w których systemy AI pokonały ludzkich mistrzów, ale ma również praktyczne zastosowania w robotyce i zautomatyzowanej kontroli systemu.

Pomimo tego imponującego postępu, uczenie głębokie niesie ze sobą również wyzwania. Technologia ta wymaga dużych ilości danych treningowych i znacznej mocy obliczeniowej, co rodzi kwestie zrównoważonego rozwoju i dostępu. Co więcej, po przeszkoleniu z tendencyjnych danych, modele głębokiego uczenia mogą powielać te tendencje w swoich prognozach i decyzjach, podkreślając potrzebę starannego przeglądu i dostosowania danych szkoleniowych.

Narzędzia programistyczne i biblioteki

Rozwój i szybki postęp w dziedzinie sztucznej inteligencji jest ściśle powiązany z pojawieniem się i dalszym rozwojem specjalistycznych narzędzi i bibliotek oprogramowania. Narzędzia te stanowią podstawę nowoczesnych badań i zastosowań sztucznej inteligencji, zapewniając złożone algorytmy i struktury danych wymagane do uczenia maszynowego i głębokiego uczenia. Do najbardziej znanych należą TensorFlow, PyTorch i Keras, z których każde ma swoje mocne strony i społeczności.

- TensorFlow, opracowany przez Google, jest jedną z najczęściej używanych bibliotek do uczenia maszynowego. Zapewnia kompleksową i elastyczną platformę do projektowania, szkolenia i wdrażania modeli sztucznej inteligencji i jest wykorzystywana zarówno w badaniach, jak i przemyśle do różnych zastosowań. TensorFlow charakteryzuje się skalowalnością, umożliwiając efektywne trenowanie modeli od pojedynczych procesorów CPU do dużych klastrów GPU i TPU.
- PyTorch, pierwotnie opracowany przez Facebooka, zyskał dużą popularność dzięki łatwości użytkowania i elastyczności, zwłaszcza w rozwoju modeli głębokiego uczenia. PyTorch zapewnia dynamiczny system grafów obliczeniowych, który umożliwia programistom wprowadzanie zmian w architekturze i algorytmach w czasie rzeczywistym, ułatwiając eksperymentowanie i prototypowanie.
- Keras to kolejny popularny interfejs API sieci neuronowych wysokiego poziomu, który został pierwotnie uruchomiony jako niezależny projekt, a obecnie jest ściśle zintegrowany z TensorFlow. Keras charakteryzuje się prostotą i łatwością użycia, co czyni go szczególnie

atrakcyjnym dla początkujących w dziedzinie uczenia maszynowego. Umożliwia szybkie i łatwe prototypowanie oraz obsługuje zarówno sieci splotowe, jak i rekurencyjne.

Te narzędzia i biblioteki są stale rozwijane w celu zwiększenia wydajności, ułatwienia dostępu i umożliwienia tworzenia bardziej złożonych i potężnych systemów sztucznej inteligencji. Społeczności stojące za tymi projektami odgrywają kluczową rolę, wnosząc ciągły wkład, od naprawiania błędów po opracowywanie nowych funkcji i ulepszeń. To zbiorowe podejście pomaga zapewnić, że narzędzia mogą dotrzymać kroku szybko zmieniającym się potrzebom badań i zastosowań sztucznej inteligencji.

Ponadto, dostępność obszernych zbiorów danych i poprawa możliwości sprzętowych, w szczególności dostępność potężnych procesorów graficznych, jeszcze bardziej przyspieszyły rozwój i szkolenie zaawansowanych modeli sztucznej inteligencji. Połączenie zaawansowanych narzędzi programowych, obszernych danych i potężnego sprzętu stanowi podstawę obecnych i przyszłych sukcesów w dziedzinie sztucznej inteligencji. Dostępność tych zasobów w coraz większym stopniu demokratyzuje badania i rozwój sztucznej inteligencji, otwierając drzwi do innowacji na szeroką skalę z potencjałem do przekształcenia niemal każdego aspektu społeczeństwa.

Dynamika rozwoju oprogramowania dla AI odzwierciedla szybki postęp i szerokie możliwości zastosowania sztucznej inteligencji. Wraz z każdym postępem w technologii oprogramowania, granice tego, co jest możliwe dzięki sztucznej inteligencji, rozszerzają się, otwierając nowe sposoby rozwiązywania złożonych problemów i opracowywania innowacyjnych rozwiązań w różnych obszarach.

Sprzęt

Sprzęt odgrywa równie decydującą rolę w ewolucji i zastosowaniu sztucznej inteligencji, co oprogramowanie.

Specyficzne wymagania dotyczące mocy obliczeniowej i pamięci modeli AI doprowadziły do opracowania specjalistycznego sprzętu zaprojektowanego w celu maksymalizacji wydajności i skuteczności aplikacji AI.

Układy GPU i ich rola w sztucznej inteligencji

Procesory graficzne (GPU) były jedną z pierwszych innowacji sprzętowych, które przyspieszyły badania i rozwój sztucznej inteligencji.

Pierwotnie zaprojektowane do przetwarzania aplikacji graficznych, okazało się, że procesory graficzne mogą również bardzo wydajnie wykonywać obliczenia równoległe, co czyni je idealnymi do trenowania modeli sztucznej inteligencji. Dzięki możliwości przetwarzania tysięcy wątków jednocześnie, układy GPU mogą wykonywać złożone obliczenia matematyczne wymagane do trenowania sieci neuronowych znacznie szybciej niż konwencjonalne procesory CPU.

TPU i ich specjalizacja w sztucznej inteligencji

Jednostki przetwarzania tensorowego (TPU) to kolejna znacząca innowacja w dziedzinie sprzętu AI. Opracowane przez Google specjalnie do zadań głębokiego uczenia, jednostki TPU są zoptymalizowane pod kątem wydajnego przetwarzania określonych obliczeń wykorzystywanych w sieciach neuronowych. Jednostki TPU oferują jeszcze większą wydajność w szkoleniu i wnioskowaniu modeli sztucznej inteligencji, zwłaszcza w zastosowaniach wymagających dużej mocy obliczeniowej, takich jak rozpoznawanie mowy i obrazu.

Układy FPGA i ich elastyczność

Układy FPGA (Field-Programmable Gate Arrays) oferują elastyczne rozwiązanie sprzętowe, które można zaprogramować pod kątem konkretnych zastosowań, w tym sztucznej inteligencji. Ich rekonfigurowalność sprawia, że układy FPGA są szczególnie cenne w przypadku niestandardowych aplikacji AI oraz w sytuacjach, w których sprzęt musi zostać dostosowany do nowych algorytmów lub modeli. Chociaż nie zawsze oferują one taką samą surową wydajność jak układy GPU lub TPU, ich możliwość dostosowania pozwala na wykorzystanie ich w różnorodnych i szybko ewoluujących aplikacjach AI.

Znaczenie rozwoju sprzętu

Rozwój sprzętu specyficznego dla sztucznej inteligencji ma kluczowe znaczenie dla przesuwania granic tego, co jest możliwe dzięki sztucznej inteligencji. Z każdą generacją sprzętu zwiększa się szybkość, wydajność energetyczna i zdolność do trenowania i wykonywania złożonych modeli AI. Postępy te pozwalają badaczom i programistom tworzyć bardziej innowacyjne i potężne aplikacje AI, które wcześniej były niemożliwe ze względu na ograniczenia sprzętowe.

W przyszłości rozwój sprzętu będzie nadal odgrywał kluczową rolę, tworząc podstawę dla następnej generacji systemów sztucznej inteligencji. Badania będą koncentrować się nie tylko na zwiększeniu mocy obliczeniowej, ale także na zmniejszeniu zużycia energii i zminimalizowaniu opóźnień w celu zwiększenia wydajności i dostępności technologii AI dla szerszego zakresu aplikacji i użytkowników.

Interakcja oprogramowania i sprzętu

Symbioza oprogramowania i sprzętu jest fundamentem, na którym opiera się postęp sztucznej inteligencji. Ta dynamiczna interakcja nie tylko określa granice tego, co jest obecnie możliwe, ale także napędza innowacje i przełomy w badaniach i zastosowaniach sztucznej inteligencji.

Innowacje sprzętowe napędzane przez oprogramowanie

Rozwój oprogramowania AI, takiego jak zaawansowane algorytmy i modele uczenia maszynowego, stale stawia nowe wymagania w zakresie mocy obliczeniowej i wydajności. Przykładowo, modele głębokiego uczenia, zwłaszcza te trenowane na bardzo dużych zbiorach danych, wymagają ogromnych ilości mocy obliczeniowej i pamięci. Ograniczenia istniejącego sprzętu stanowią zatem bezpośrednie wyzwanie dla realizacji i skalowania takich modeli. To z kolei stymuluje rozwój nowych rozwiązań sprzętowych zaprojektowanych specjalnie z myślą o wymaganiach oprogramowania AI, takich jak procesory graficzne GPU, TPU i FPGA, które umożliwiają bardziej wydajne obliczenia, a tym samym realizację bardziej złożonych projektów AI.

Innowacje sprzętowe inspirują rozwój oprogramowania

Z drugiej strony, postęp w dziedzinie sprzętu otwiera nowe możliwości dla rozwoju oprogramowania. Zwiększając dostępną moc obliczeniową i wydajność, twórcy oprogramowania mogą projektować bardziej złożone modele i algorytmy, które wcześniej były niemożliwe do zrealizowania. Prowadzi to do skoków jakościowych w wydajności aplikacji AI, na przykład w dokładności systemów rozpoznawania mowy i obrazu.

Dostępność bardziej wydajnego i wyspecjalizowanego sprzętu zachęca również naukowców do stosowania innowacyjnych podejść w badaniach nad sztuczną inteligencją, które wykraczają poza tradycyjne metody.

Potrzeba harmonizacji

Optymalna koordynacja między oprogramowaniem i sprzętem ma kluczowe znaczenie dla maksymalizacji wydajności i wydajności systemów sztucznej inteligencji.

Deweloperzy muszą wziąć pod uwagę nie tylko konkretne możliwości i ograniczenia dostępnego sprzętu, ale także sposób, w jaki ich projekty oprogramowania go wykorzystują. I odwrotnie, inżynierowie sprzętu muszą zrozumieć, czego obecne i przyszłe modele sztucznej inteligencji wymagają od architektury obliczeniowej, aby projektować urządzenia, które skutecznie spełniają te potrzeby.

Rozwój zorientowany na przyszłość

Ciągła ewolucja zarówno oprogramowania, jak i sprzętu AI wymaga perspektywicznego planowania i współpracy między tymi obszarami. Wysiłki badawczo-rozwojowe muszą nie tylko uwzględniać obecne wymagania, ale także przewidywać, w jaki sposób technologie AI mogą ewoluować. Obejmuje to pracę nad nowymi architekturami, które oferują jeszcze większą moc obliczeniową i wydajność, a także opracowywanie struktur oprogramowania, które mogą w pełni wykorzystać te postępy.

Ogólnie rzecz biorąc, interakcja między oprogramowaniem AI a sprzętem jest kluczowym czynnikiem napędzającym postęp w sztucznej inteligencji. Zdolność do harmonijnej integracji i ciągłego rozwoju tych dwóch komponentów będzie nadal miała kluczowe znaczenie dla przesuwania granic tego, co jest możliwe w sztucznej inteligencji i znajdowania innowacyjnych rozwiązań dla złożonych wyzwań.

W praktyce oznacza to, że postępy w dziedzinie sztucznej inteligencji nie są osiągane w izolacji przez samo oprogramowanie lub sprzęt. Jest to raczej synergiczny rozwój, w którym ulepszenia w technologii oprogramowania definiują wymagania dla sprzętu, a innowacje w sprzęcie otwierają nowe możliwości dla badań i zastosowań oprogramowania.

Rola nowoczesnych chipów w rozwoju sztucznej inteligencji

Nowoczesne układy scalone odgrywają kluczową rolę w rozwoju i wykorzystaniu sztucznej inteligencji. Te wyspecjalizowane procesory, w tym procesory graficzne (GPU), procesory tensorowe (TPU) i programowalne macierze bramek (FPGA), mają kluczowe znaczenie dla postępów w sztucznej inteligencji, zapewniając moc obliczeniową i wydajność potrzebną do trenowania i wykonywania złożonych algorytmów i modeli. Rolę tych nowoczesnych układów można skonkretyzować w kilku kluczowych obszarach:

Przyspieszenie szkolenia modeli sztucznej inteligencji

Uczenie modeli sztucznej inteligencji, zwłaszcza modeli głębokiego uczenia, w rzeczywistości stawia ogromne wymagania w zakresie mocy obliczeniowej, ponieważ obejmuje optymalizację milionów, a nawet miliardów parametrów. Wyzwanie to doprowadziło do opracowania i wykorzystania specjalistycznego sprzętu zdolnego do wydajnego wykonywania wymaganych masowych obliczeń równoległych. GPU (Graphics Processing Units) i TPU (Tensor Processing Units) to przykłady takich wyspecjalizowanych układów, które odgrywają kluczową rolę w przyspieszaniu procesu uczenia.

Układy GPU zostały pierwotnie opracowane do zadań związanych z przetwarzaniem grafiki i wideo, ale ich zdolność do wykonywania obliczeń równoległych czyni je idealnymi do trenowania modeli sztucznej inteligencji. W porównaniu do procesorów CPU, które mają ograniczoną liczbę rdzeni i wykonują zadania sekwencyjnie, układy GPU mają setki lub tysiące mniejszych rdzeni, które pozwalają im wykonywać wiele obliczeń jednocześnie. Cecha ta jest szczególnie korzystna w przypadku trenowania modeli głębokiego uczenia się, gdzie duża liczba operacji musi być wykonywana na danych jednocześnie.

Układy TPU, opracowane przez Google, są jeszcze bardziej ukierunkowane na zadania związane ze sztuczną inteligencją. Są one specjalnie zoptymalizowane do wykonywania operacji tensorowych typowych dla głębokiego uczenia z wysoką wydajnością. Jednostki TPU oferują jeszcze większą specjalizację niż układy GPU i są w stanie przeprowadzać szkolenie i wnioskowanie modeli sztucznej inteligencji z imponującą szybkością i wydajnością energetyczną. Ze względu na swoją architekturę, TPU mogą bardzo wydajnie przetwarzać duże ilości mnożeń macierzy i innych operacji tensorowych, które są powszechne w głębokim uczeniu.

Wykorzystanie układów GPU i TPU znacznie poprawiło wykonalność i szybkość trenowania modeli sztucznej inteligencji. Podczas gdy trenowanie złożonych modeli na procesorach CPU może trwać dni, a nawet tygodnie, układy GPU i TPU pozwalają znacznie przyspieszyć ten proces, często do godzin lub dni. Przyspieszenie to ma kluczowe znaczenie dla badań i rozwoju w dziedzinie sztucznej inteligencji, ponieważ umożliwia szybsze przeprowadzanie eksperymentów, iteracyjne ulepszanie modeli oraz badanie nowych architektur i algorytmów w ułamku czasu wymaganego wcześniej.

Ponadto, dostępność tych potężnych zasobów obliczeniowych przyczyniła się do zwiększenia dostępności i demokratyzacji badań nad sztuczną inteligencją. Usługi oparte na chmurze zapewniają dostęp do układów GPU i TPU naukowcom i programistom na całym świecie, obniżając bariery wejścia do badań nad sztuczną inteligencją i zachęcając do szerszego uczestnictwa i innowacji.

Umożliwienie tworzenia bardziej złożonych modeli

Zwiększona moc obliczeniowa zapewniana przez nowoczesne układy, takie jak GPU i TPU, ma transformacyjny wpływ na dziedzinę sztucznej inteligencji.

Te wyspecjalizowane procesory umożliwiają rozwój bardziej złożonych i dogłębnych modeli sztucznej inteligencji, które są w stanie rozpoznawać drobniejsze wzorce w danych i dokonywać bardziej precyzyjnych prognoz lub analiz. Znaczenie tych postępów technologicznych można szczególnie dobrze dostrzec w przełomach w takich obszarach, jak przetwarzanie mowy i rozpoznawanie obrazów.

Pojawienie się zaawansowanych modeli językowych, które mogą generować teksty podobne do ludzkich, odpowiadać na złożone pytania i komunikować się w języku naturalnym, opiera się na zdolności do przetwarzania i uczenia się z ogromnych zbiorów danych. Nie byłoby to możliwe bez możliwości przetwarzania równoległego i szybkości oferowanej przez nowoczesne układy scalone. Podobnie w przypadku rozpoznawania obrazów, modele głębokiego uczenia znacznie poprawiły dokładność i zdolność interpretacji obrazów, począwszy od diagnostyki medycznej po autonomiczną nawigację pojazdów. Stojąca za tym moc obliczeniowa umożliwia szybką analizę milionów obrazów w celu wytrenowania modeli, które są następnie w stanie obsługiwać złożone zadania wizualne.

Podczas gdy moc nowoczesnych chipów umożliwiła wiele dzisiejszych przełomów w sztucznej inteligencji, wiąże się ona również z potrzebą opracowania bardziej wydajnych algorytmów i zminimalizowania zużycia energii. Równoważenie mocy obliczeniowej wymaganej dla zaawansowanych modeli sztucznej inteligencji ze zrównoważonym rozwojem tych procesów jest ciągłym wyzwaniem.

Przyszłość sztucznej inteligencji będzie w dużej mierze zależeć od dalszych ulepszeń w technologii sprzętowej. Badania nad nowymi architekturami układów scalonych i energooszczędnymi technologiami mają kluczowe znaczenie dla umożliwienia kolejnej fali innowacji w zakresie sztucznej inteligencji przy jednoczesnym zminimalizowaniu wpływu na środowisko. Współpraca między dziedzinami rozwoju sprzętu i badań nad sztuczną inteligencją pozostaje kluczowym motorem postępu, który może zmienić niemal każdy aspekt naszego życia.

Poprawa wydajności i redukcja kosztów

Nowoczesne układy scalone, często określane mianem akceleratorów AI, zostały zaprojektowane specjalnie z myślą o usprawnieniu rozległych i złożonych obliczeń wymaganych do szkolenia i obsługi modeli AI. Optymalizacja pod kątem tych konkretnych zadań umożliwia trwały wzrost szybkości procesów szkolenia i wnioskowania AI, co z kolei skraca cykle rozwoju rozwiązań opartych na AI.

Kluczową cechą tych układów jest ich zdolność do oszczędzania energii. Wykonując obliczenia szybciej i przy niższym zużyciu energii, pomagają obniżyć koszty operacyjne systemów sztucznej inteligencji. Ten wzrost wydajności jest szczególnie ważny, ponieważ szkolenie modeli sztucznej inteligencji, zwłaszcza głębokich sieci neuronowych, jest niezwykle intensywne obliczeniowo i może zużywać znaczne ilości energii elektrycznej. Zmniejszając zapotrzebowanie na energię, technologie AI stają się nie tylko bardziej przyjazne dla środowiska, ale także bardziej atrakcyjne ekonomicznie.

Ponadto postępy w technologii chipów mają demokratyzujący wpływ na badania i rozwój sztucznej inteligencji. Obniżając koszty szkolenia i obsługi systemów AI, otwierają one drzwi dla szerszego grona graczy. Organizacje badawcze, firmy i deweloperzy z różnymi budżetami będą mogli uzyskać dostęp do wysokiej jakości technologii AI i korzystać z nich. Jest to ważny krok w kierunku zwiększenia innowacyjności i promowania wykorzystania sztucznej inteligencji w różnych obszarach.

Kolejnym aspektem wspieranym przez wyspecjalizowane chipy jest możliwość opracowywania niestandardowych rozwiązań. Dostosowując sprzęt do konkretnych zadań AI, programiści i badacze mogą tworzyć modele AI, które są dostosowane do unikalnych wymagań ich projektów lub produktów. Prowadzi to do poprawy wydajności i efektywności, które mogą być nieosiągalne przy bardziej uogólnionych zasobach obliczeniowych.

Promocja aplikacji działających w czasie rzeczywistym

Zdolność do podejmowania decyzji w czasie rzeczywistym jest kluczowym aspektem wielu nowoczesnych aplikacji AI i napędza zapotrzebowanie na specjalistyczny sprzęt.

W obszarach takich jak autonomiczne pojazdy, tłumaczenie języka w czasie rzeczywistym i interaktywne systemy AI, szybkie przetwarzanie i analiza danych są nie tylko pożądane, ale absolutnie krytyczne dla funkcjonalności i bezpieczeństwa technologii. Rozwój nowoczesnych chipów, które są dostosowane do tych wymagań, odgrywa zatem kluczową rolę w realizacji takich zaawansowanych aplikacji AI.

Pojazdy autonomiczne, na przykład, muszą być w stanie interpretować swoje otoczenie w ciągu milisekund, aby podejmować decyzje dotyczące nawigacji, dostosowywania prędkości i manewrów omijania. Złożoność przetwarzanych danych, od obrazów z kamer po sygnały radarowe i lidarowe, wymaga ogromnej mocy obliczeniowej. Nowoczesne chipy umożliwiają analizowanie i wdrażanie tych danych w czasie rzeczywistym dzięki specjalnej optymalizacji pod kątem równoległego przetwarzania dużych ilości danych. Zdolność ta ma kluczowe znaczenie dla zapewnienia bezpieczeństwa i wydajności pojazdów autonomicznych.

W tłumaczeniach językowych w czasie rzeczywistym nowoczesne układy scalone umożliwiają niemal natychmiastowe tłumaczenie języka mówionego na inny język. Wymaga to nie tylko szybkiego przetwarzania sygnałów akustycznych, ale także analizowania ich przy użyciu złożonych modeli językowych w celu prawidłowego uchwycenia kontekstu i znaczenia. Wydajność nowoczesnych chipów w przetwarzaniu tych zadań umożliwia pokonywanie barier językowych w czasie rzeczywistym, upraszczając komunikację w zglobalizowanym świecie.

Interaktywne systemy AI, takie jak te wykorzystywane w wirtualnych asystentach lub interaktywnej rozrywce, również korzystają z szybkiego przetwarzania danych.

Zdolność do natychmiastowego przetwarzania i reagowania na dane wejściowe użytkownika sprawia, że interakcja z takimi systemami jest naturalna i intuicyjna. Nowoczesne chipy pomagają zapewnić, że systemy te są nie tylko szybkie, ale także zdolne do korzystania ze złożonych modeli językowych lub wzorców zachowań w czasie rzeczywistym w celu generowania odpowiednich i kontekstowych odpowiedzi.

Wyspecjalizowane chipy są zatem czymś więcej niż tylko osiągnięciem technicznym; są one czynnikiem umożliwiającym różnorodne zastosowania, które sprawiają, że nasze życie jest bezpieczniejsze, łatwiejsze i bardziej połączone. Ich zdolność do wydajnego przetwarzania danych w czasie rzeczywistym czyni je niezbędnymi do wdrożenia i sprawnego działania technologii, które opierają się na szybkim podejmowaniu decyzji. Chipy te są niezbędnym elementem infrastruktury nowoczesnych aplikacji AI, umożliwiając innowacyjne rozwiązania i napędzając postęp technologiczny.

Dostosowanie do konkretnych wymagań

Elastyczność i możliwość dostosowania nowoczesnych chipów, takich jak programowalne tablice bramek (FPGA), stanowią znaczący postęp w świecie sprzętu, szczególnie w kontekście zastosowań sztucznej inteligencji. Układy FPGA są zaprojektowane w taki sposób, że mogą być programowane do konkretnych zastosowań lub zadań przez użytkownika końcowego lub dewelopera po wyprodukowaniu. Ta cecha odróżnia je od konwencjonalnych procesorów i wyspecjalizowanych chipów AI, które mają stałą architekturę i funkcjonalność. Możliwość dostosowania sprzętu do konkretnych potrzeb sprawia, że układy FPGA są potężnym narzędziem do opracowywania i wdrażania aplikacji AI.

Kluczową zaletą układów FPGA jest ich zdolność do optymalizacji pod kątem różnych zadań sztucznej inteligencji, w tym między innymi przetwarzania obrazu i mowy, rozpoznawania wzorców i analizy danych. W przeciwieństwie do tradycyjnych procesorów CPU (Central Processing Units) i GPU (Graphics Processing Units), które są ukierunkowane na szersze obszary zastosowań, układy FPGA można skonfigurować tak, aby optymalnie obsługiwały określone wzorce obliczeniowe i wydajność wymaganą dla konkretnego zastosowania sztucznej inteligencji. Może to prowadzić do znacznie wyższej wydajności i efektywności energetycznej, zwłaszcza w scenariuszach, w których kluczowe znaczenie ma przetwarzanie w czasie rzeczywistym i szybkie analizy danych.

Konfigurowalność układów FPGA oferuje również niezwykłą elastyczność w zakresie aktualizacji i dostosowywania systemów sztucznej inteligencji. Deweloperzy mogą zmieniać logikę układów FPGA w celu implementacji nowych algorytmów lub optymalizacji wydajności istniejących aplikacji bez konieczności wymiany fizycznego sprzętu. Ta zdolność adaptacji jest szczególnie cenna w dziedzinie, która ewoluuje tak szybko jak sztuczna inteligencja, ponieważ pozwala programistom nadążać za nowymi wynikami badań lub wymaganiami bez konieczności dokonywania znacznych inwestycji w nowy sprzęt.

Ponadto, układy FPGA oferują rozwiązanie do wdrażania aplikacji AI w środowiskach, w których zużycie energii jest czynnikiem krytycznym. Dzięki optymalizacji sprzętu pod kątem określonych zadań, układy FPGA mogą działać wydajniej niż procesory ogólne, dzięki czemu idealnie nadają się do stosowania w urządzeniach mobilnych, systemach wbudowanych i innych scenariuszach, w których efektywność energetyczna ma kluczowe znaczenie.

Przyszłość chipów AI

Ciągły rozwój i innowacje w dziedzinie chipów AI to podstawowe czynniki kształtujące przyszłość sztucznej inteligencji.

Ta dynamika ma kluczowe znaczenie, ponieważ wymagania wobec systemów sztucznej inteligencji stale rosną zarówno pod względem mocy obliczeniowej, jak i wydajności. Grupy badawcze i firmy na całym świecie biorą udział w ciągłym wyścigu mającym na celu opracowanie nowej generacji procesorów, które przekroczą limity wydajności istniejących technologii. Celem jest stworzenie chipów, które są szybsze, bardziej energooszczędne i oferują wyspecjalizowane funkcje dla nowatorskich aplikacji AI. Wysiłki te są nie tylko wyzwaniem technologicznym, ale także są niezbędne do pełnego wykorzystania potencjału sztucznej inteligencji i otwarcia nowych obszarów zastosowań.

Jednym z głównych punktów zainteresowania jest przyspieszenie obliczeń AI. Ponieważ modele sztucznej inteligencji stają się coraz bardziej złożone, zwłaszcza w dziedzinie uczenia maszynowego i głębokich sieci neuronowych, wymagają one znacznej mocy obliczeniowej. Opracowanie chipów, które mogą wykonywać te obliczenia szybciej, ma kluczowe znaczenie dla skrócenia czasu szkolenia i umożliwienia wnioskowania w czasie rzeczywistym. Ma to bezpośredni wpływ na wydajność i zastosowanie sztucznej inteligencji w świecie rzeczywistym, od przetwarzania języka naturalnego po rozpoznawanie wizualne.

Efektywność energetyczna to kolejny krytyczny obszar. Ponieważ aplikacje AI są coraz częściej wykorzystywane w urządzeniach mobilnych i na brzegu sieci (tj. bezpośrednio w źródle danych), ważne jest, aby zminimalizować zużycie energii w celu wydłużenia żywotności baterii i poprawy zrównoważonego rozwoju. Postępy w technologii chipów, które prowadzą do większej efektywności energetycznej, mają zatem ogromne znaczenie. Obejmuje to nie tylko optymalizację sprzętu pod kątem konkretnych obliczeń AI, ale także rozwój nowych architektur, które minimalizują zużycie energii i wytwarzanie ciepła.

Ponadto pojawiające się aplikacje AI wymagają wyspecjalizowanych funkcji, które nie mogą być efektywnie obsługiwane przez ogólne procesory.

Doprowadziło to do opracowania niestandardowych chipów, takich jak układy FPGA do elastycznych konfiguracji lub układy ASIC (Application-Specific Integrated Circuits) do wysoce wyspecjalizowanych zadań. Specjalizacja ta umożliwia opracowanie rozwiązań dostosowanych do konkretnych wyzwań, od poprawy rozpoznawania mowy po przyspieszenie sekwencjonowania genomu.

Skutki tych postępów technologicznych są dalekosiężne i obejmują wiele dziedzin. Na przykład w nauce, bardziej wydajne chipy AI umożliwiają analizowanie większych ilości danych w krótszym czasie, co przyspiesza nowe odkrycia w badaniach. W medycynie ulepszone systemy AI mogą przyczynić się do wczesnego wykrywania chorób, umożliwić bardziej spersonalizowane plany leczenia i sprawić, że zabiegi chirurgiczne będą bardziej precyzyjne. W branży rozrywkowej zaawansowane chipy AI otwierają nowe możliwości dla wciągających doświadczeń, od wysoce realistycznych gier po spersonalizowane treści.

Przyszłość sztucznej inteligencji jest zatem nierozerwalnie związana z rozwojem nowych technologii chipowych. Ta ciągła innowacja jest kluczem do przesuwania granic tego, co jest możliwe dzięki sztucznej inteligencji i otwierania nowych zastosowań. Poprawiając wydajność, efektywność i specjalizację chipów AI, możliwe będzie przezwyciężenie dzisiejszych wyzwań i realizacja wizji jutra.

Smartfony jako platforma dla aplikacji AI

W ostatnich latach smartfony stały się centralną platformą do stosowania i rozpowszechniania sztucznej inteligencji.

Urządzenia te stały się wszechobecne w naszym codziennym życiu i oferują unikalną podstawę dla aplikacji opartych na sztucznej inteligencji dzięki ich zaawansowanym możliwościom i szerokiej bazie użytkowników. Znaczenie smartfonów jako platformy dla sztucznej inteligencji można zilustrować kilkoma kluczowymi aspektami.

Wszechobecność i dostępność

Smartfony są powszechnie używane na całym świecie i dlatego stanowią dalekosiężną platformę dla aplikacji AI. Umożliwiają one milionom ludzi korzystanie z postępów w dziedzinie sztucznej inteligencji, niezależnie od ich lokalizacji lub dostępu do tradycyjnej technologii komputerowej. Ta wszechobecność sprawia, że smartfony są potężnym narzędziem do dostarczania usług AI szerokiemu gronu odbiorców.

Wydajny sprzęt

Szybki rozwój sprzętu do smartfonów doprowadził do znacznej poprawy możliwości tych urządzeń, szczególnie w dziedzinie sztucznej inteligencji.

Nowoczesne smartfony są wyposażone w zaawansowane procesory i jednostki graficzne, które są specjalnie zoptymalizowane pod kątem wydajnego wykonywania algorytmów sztucznej inteligencji. Te ulepszenia sprzętowe oznaczają znaczący postęp w technologii mobilnej, umożliwiając przetwarzanie złożonych zadań opartych na sztucznej inteligencji bezpośrednio na urządzeniu - koncepcja często określana jako przetwarzanie brzegowe. Niezależność od serwerów opartych na chmurze dla niektórych zadań przynosi korzyści, w tym lepszą prywatność, mniejsze opóźnienia i mniejszą zależność od ciągłych połączeń internetowych.

Funkcje takie jak tłumaczenie języka w czasie rzeczywistym, rozpoznawanie obrazu i rzeczywistość rozszerzona to praktyczne przykłady zastosowań, które w znacznym stopniu korzystają z tych osiągnięć. Dzięki wykorzystaniu technologii AI bezpośrednio w urządzeniu, funkcje te mogą być wykonywane w czasie rzeczywistym i z imponującą dokładnością, znacznie poprawiając wrażenia użytkownika.

Na przykład tłumaczenie językowe w czasie rzeczywistym było kiedyś (i często nadal jest) zadaniem wymagającym potężnych serwerów w chmurze. Jednak optymalizacja sprzętu smartfonów pod kątem algorytmów sztucznej inteligencji umożliwiła przetwarzanie i tłumaczenie sygnałów głosowych w czasie rzeczywistym, bez zauważalnych opóźnień. Ulepszenia te nie tylko wspierają bardziej naturalną komunikację ponad barierami językowymi, ale także sprawiają, że technologia jest dostępna w środowiskach bez stabilnego połączenia internetowego.

Rozpoznawanie obrazu na smartfonach również zyskało dzięki wyspecjalizowanym chipom AI. Aplikacje, które rozpoznają i interpretują obiekty, twarze, a nawet tekst na obrazach, działają teraz szybciej i wydajniej, umożliwiając wiele zastosowań, od fotografii po nawigację i bezpieczeństwo. Przetwarzanie tych zadań lokalnie nie tylko zmniejsza opóźnienia, ale także poprawia bezpieczeństwo i prywatność, ponieważ wrażliwe dane nie muszą opuszczać urządzenia.

Rzeczywistość rozszerzona (AR) to kolejna dziedzina, która otrzymała znaczący impuls dzięki optymalizacji AI w sprzęcie smartfonów. Jest to technologia, która osadza informacje cyfrowe, takie jak obrazy, filmy i modele 3D w świecie rzeczywistym. Te cyfrowe treści są nakładane bezpośrednio na to, co widzimy wokół nas, tworząc rozszerzoną rzeczywistość, w której wirtualne i fizyczne obiekty współistnieją. AR różni się od rzeczywistości wirtualnej (VR) tym, że nie zastępuje świata rzeczywistego, ale go uzupełnia. Użytkownicy mogą nadal postrzegać rzeczywiste środowisko poprzez AR, wzbogacone o dodatkowe elementy cyfrowe.

Technologia ta jest wdrażana w czasie rzeczywistym i interaktywnie, co oznacza, że cyfrowe nakładki mogą dynamicznie dostosowywać się do zmian w rzeczywistym środowisku lub w perspektywie użytkownika. Klasycznym tego przykładem jest gra mobilna Pokémon Go, w której gracze szukają i chwytają wirtualne stworzenia w ich rzeczywistym środowisku. Zastosowania AR są jednak znacznie szersze i sięgają od edukacji, gdzie jest ona wykorzystywana na przykład do ilustrowania złożonych koncepcji naukowych, przez handel detaliczny, który umożliwia klientom wirtualne przymierzanie produktów lub wyświetlanie ich w ich przestrzeniach mieszkalnych, po przemysł, w którym AR jest wykorzystywana do instrukcji konserwacji i napraw.

Interakcja z AR zwykle odbywa się za pośrednictwem urządzeń wyposażonych w kamerę i wyświetlacz, takich jak smartfony, tablety lub specjalistyczne okulary AR. Kamera urządzenia rejestruje świat rzeczywisty, podczas gdy oprogramowanie AR nakłada treści cyfrowe w oparciu o analizę obrazu i orientację urządzenia. Ciągły rozwój sprzętu do smartfonów, w szczególności mocniejszych procesorów i ulepszonych czujników, pomógł uczynić AR dostępną dla szerszej publiczności i zintegrować technologię z wieloma codziennymi aplikacjami.

Aplikacje AR wymagają szybkiej analizy i interpretacji świata rzeczywistego w celu płynnej integracji cyfrowych informacji lub obiektów. Wydajność nowoczesnych chipów smartfonów umożliwia wykonywanie tych złożonych obliczeń w czasie rzeczywistym, co przekłada się na płynniejsze i bardziej wciągające doświadczenia AR.

Czujniki i gromadzenie danych

Smartfony są wyposażone w różnorodne czujniki, w tym kamery, mikrofony, żyroskopy i GPS. Czujniki te nieustannie gromadzą dane, które mogą być wykorzystywane przez aplikacje AI do świadczenia spersonalizowanych i kontekstowych usług. Na przykład algorytmy sztucznej inteligencji mogą wykorzystywać informacje zebrane przez czujniki do zrozumienia zachowania użytkownika, dostarczania spersonalizowanych rekomendacji lub interpretowania środowiska użytkownika.

Poprawa doświadczenia użytkownika

Sztuczna inteligencja stała się integralną częścią nowoczesnych smartfonów i znacząco przyczynia się do poprawy komfortu użytkowania.

Dzięki integracji technologii AI ze smartfonami, urządzenia te mogą teraz wykonywać różne zadania w sposób bardziej inteligentny, wydajny i przyjazny dla użytkownika. Sztuczna inteligencja pozwala smartfonom uczyć się na podstawie interakcji z użytkownikiem, dostosowywać się i przewidywać, czego użytkownik może potrzebować w następnej kolejności, co skutkuje spersonalizowanym i intuicyjnym doświadczeniem użytkownika.

Jednym z najbardziej uderzających przykładów wykorzystania sztucznej inteligencji w smartfonach są inteligentni asystenci osobiści. Asystenci ci, tacy jak Siri,

Google Assistant czy Bixby, wykorzystują zaawansowane technologie przetwarzania głosu do rozumienia języka naturalnego i reagowania na polecenia głosowe. Mogą odpowiadać na pytania, ustawiać przypomnienia, kontrolować inteligentny dom, a nawet wykonywać bardziej złożone zadania, takie jak rezerwacja rezerwacji. Asystenci ci stale uczą się i doskonalą przy każdej interakcji, aby zapewnić jeszcze bardziej trafne i spersonalizowane odpowiedzi.

W dziedzinie fotografii integracja sztucznej inteligencji również przyniosła rewolucyjne ulepszenia. Nowoczesne smartfony wykorzystują technologie rozpoznawania obrazu oparte na sztucznej inteligencji do identyfikowania scen i obiektów na zdjęciach oraz automatycznego dostosowywania ustawień aparatu w celu uzyskania najlepszych możliwych ujęć. Technologia ta może być również wykorzystywana do ulepszania zdjęć po ich wykonaniu, na przykład poprzez usuwanie rozmycia, dostosowywanie ekspozycji lub dodawanie efektów bokeh do zdjęć portretowych. Ponadto algorytmy sztucznej inteligencji umożliwiają innowacyjne funkcje, takie jak rozpoznawanie twarzy i uśmiechów, aby automatycznie uchwycić idealny moment na zdjęcie.

Innym obszarem, w którym sztuczna inteligencja zmienia sposób korzystania ze smartfonów, jest zarządzanie baterią. Ucząc się wzorców użytkowania użytkownika, sztuczna inteligencja może kontrolować adaptacyjne systemy zarządzania baterią, które optymalizują efektywność energetyczną. Systemy te inteligentnie dostosowują wydajność urządzenia i zużycie energii przez aplikacje, aby zmaksymalizować żywotność baterii. Mogą na przykład rozpoznać, kiedy określone aplikacje są zwykle używane i odpowiednio dostosować alokację zasobów lub ograniczyć niepotrzebną aktywność w tle, jeśli telefon jest rzadko używany.

Przykłady te ilustrują, w jaki sposób sztuczna inteligencja zasadniczo poprawiła interakcję ze smartfonami. Ucząc się na podstawie zachowań użytkowników i dostosowując się do ich preferencji, technologie AI oferują spersonalizowane doświadczenie, które znacznie wykracza poza możliwości tradycyjnych, nieuczących się systemów. Ciągła integracja sztucznej inteligencji ze smartfonami obiecuje dalsze udoskonalanie i wzbogacanie sposobu, w jaki wchodzimy w interakcję z naszymi urządzeniami, czyniąc je jeszcze bardziej inteligentnymi, użytecznymi i intuicyjnymi.

Promowanie rozwoju i innowacji

Szybkie rozprzestrzenianie się smartfonów i postępująca integracja sztucznej inteligencji (AI) z tymi urządzeniami stworzyły żyzny ekosystem dla programistów i firm, który napędza innowacje na niespotykaną dotąd skalę.

To dynamiczne środowisko przekształciło rynek aplikacji i doprowadziło do znacznego wzrostu liczby aplikacji opartych na sztucznej inteligencji, które oferują spersonalizowane usługi w różnych obszarach. Unikalne połączenie wszechobecnego korzystania ze smartfonów i zaawansowanych technologii AI otwiera nowe możliwości rozwoju i dostarczania aplikacji, które upraszczają, wzbogacają i poprawiają codzienne życie.

Na przykład w opiece zdrowotnej aplikacje oparte na sztucznej inteligencji umożliwiają użytkownikom lepsze monitorowanie i zarządzanie swoim zdrowiem. Od aplikacji, które wykrywają choroby skóry poprzez analizę obrazu, po te, które wykorzystują analizę danych do tworzenia spersonalizowanych planów fitness i żywieniowych, sztuczna inteligencja zmienia sposób, w jaki myślimy i działamy w kwestii zdrowia i dobrego samopoczucia. Technologie te mogą być również wykorzystywane do wspierania zdalnego monitorowania pacjentów i przewidywania zagrożeń dla zdrowia, co jest szczególnie cenne na obszarach wiejskich lub niedostatecznie rozwiniętych.

W sektorze edukacyjnym aplikacje oparte na sztucznej inteligencji oferują spersonalizowane doświadczenia edukacyjne poprzez analizę postępów i preferencji uczniów, a następnie dostarczanie dostosowanych treści i ćwiczeń. Obejmuje to zarówno aplikacje do nauki języków, które zapewniają spersonalizowane informacje zwrotne, jak i platformy, które uczą złożonych pojęć naukowych poprzez interaktywne symulacje. Możliwość dostosowania treści nauczania do potrzeb każdej osoby może sprawić, że edukacja stanie się bardziej dostępna i skuteczna.

W sektorze finansowym aplikacje oparte na sztucznej inteligencji rewolucjonizują sposób, w jaki myślimy o zarządzaniu pieniędzmi i inwestycjach. Aplikacje analizujące zachowania użytkowników w celu zapewnienia spersonalizowanych wskazówek dotyczących oszczędzania lub te, które przeprowadzają złożoną analizę rynku w celu przedstawienia rekomendacji inwestycyjnych, stają się coraz bardziej popularne. Technologie te pomagają uczynić usługi finansowe bardziej demokratycznymi, udostępniając profesjonalne porady i zaawansowane narzędzia analityczne szerszej części populacji.

Aplikacje oparte na sztucznej inteligencji napędzają również innowacje w sektorze rozrywki. Od spersonalizowanych usług strumieniowego przesyłania muzyki i wideo, które rekomendują na podstawie wcześniejszych zachowań konsumpcyjnych, po gry, które dostosowują się do stylu gry użytkownika, aplikacje te oferują spersonalizowane wrażenia.

To środowisko programistyczne nie tylko promuje ciągłe innowacje i rozwój aplikacji AI zaprojektowanych specjalnie dla urządzeń mobilnych, ale także zachęca do ciągłej refleksji i doskonalenia podstawowych technologii AI. Bliskość użytkownika końcowego i bezpośrednie informacje zwrotne, które deweloperzy otrzymują za pośrednictwem sklepów z aplikacjami, przyspieszają cykl innowacji i umożliwiają szybką adaptację i optymalizację aplikacji. Integracja sztucznej inteligencji w smartfonach jest zatem nie tylko katalizatorem innowacji technologicznych, ale także motorem zmian społecznych i gospodarczych poprzez udostępnianie potężnych, spersonalizowanych i intuicyjnych usług szerokiej bazie użytkowników.

Podsumowując, smartfony odgrywają kluczową rolę w rozpowszechnianiu i stosowaniu sztucznej inteligencji. Oferują one dostępną, potężną i spersonalizowaną platformę, która ma potencjał do zintegrowania technologii AI z codziennym życiem miliardów ludzi na całym świecie.

Podstawy sztucznej inteligencji i jej zależność od sprzętu

Podstawy sztucznej inteligencji obejmują szeroki zakres technologii, metod i zasad, których celem jest umożliwienie maszynom wykonywania zadań wymagających ludzkiej inteligencji.

Obejmuje to rozumienie, uczenie się, planowanie, rozpoznawanie mowy i rozwiązywanie problemów.

Zdolność systemów sztucznej inteligencji do uczenia się na podstawie doświadczenia, rozpoznawania wzorców w danych i podejmowania decyzji na podstawie tych ustaleń ma kluczowe znaczenie dla rozwoju inteligentnych aplikacji. Wdrożenie i skuteczność tych systemów są jednak w coraz większym stopniu zależne od sprzętu. Zależność ta przejawia się w kilku kluczowych obszarach:

Moc obliczeniowa

Opracowywanie i szkolenie modeli sztucznej inteligencji, zwłaszcza w obszarach takich jak uczenie maszynowe i głębokie uczenie, to procesy wymagające dużej mocy obliczeniowej. Wymagają one znacznej mocy obliczeniowej, aby dostosować miliony, a nawet miliardy parametrów wykorzystywanych w modelach. Nowoczesne procesory, takie jak GPU (Graphics Processing Units), TPU (Tensor Processing Units) i wyspecjalizowane chipy AI zapewniają wysoką moc obliczeniową potrzebną do tych zadań, umożliwiając równoległe przetwarzanie i wydajne operacje macierzowe, które mają kluczowe znaczenie dla szkolenia modeli AI.

Pamięć i przepustowość pamięci

Skuteczność sztucznej inteligencji i uczenia maszynowego zależy w dużej mierze od zdolności do szybkiego i wydajnego przetwarzania i analizowania dużych ilości danych. Moc obliczeniowa procesorów jest tutaj czynnikiem krytycznym, ale to tylko jedna część równania. Co najmniej równie ważna jest wystarczająca ilość pamięci i wysoka przepustowość pamięci, które są kluczowe dla maksymalizacji wydajności procesu uczenia i wykonywania modeli sztucznej inteligencji. Łącznie czynniki te definiują wydajność systemów AI.

Pamięć odgrywa równie ważną rolę, ponieważ przechowuje dane przetwarzane przez procesory. Jeśli pamięć jest niewystarczająca, dane muszą być przetwarzane w mniejszych partiach lub ponownie ładowane z wolniejszych nośników pamięci, co może spowolnić proces. Pojemność pamięci musi być wystarczająco duża, aby pomieścić ogromne ilości danych wymaganych do trenowania modeli sztucznej inteligencji, zwłaszcza głębokich sieci neuronowych, które są trenowane na dużych zestawach danych.

Kolejnym istotnym czynnikiem jest przepustowość pamięci - szybkość, z jaką dane mogą być przenoszone między pamięcią a procesorami. Wysoka przepustowość pamięci umożliwia dostarczanie danych do procesorów wystarczająco szybko, aby zapewnić ciągłe, wydajne przetwarzanie. Z drugiej strony, ograniczona przepustowość może prowadzić do powstawania wąskich gardeł, które spowalniają cały proces, ponieważ procesory muszą czekać na dostęp do danych.

Pamięć HBM (High Bandwidth Memory) stanowi znaczący postęp w technologii pamięci, zaprojektowany specjalnie w celu spełnienia wysokich wymagań nowoczesnych systemów sztucznej inteligencji. Zasadniczo, HBM rozwiązuje problem przepustowości pamięci, która często ogranicza tradycyjne rozwiązania pamięciowe, takie jak pamięć DDR (Double Data Rate), pod względem szybkości, z jaką dane mogą być przesyłane między pamięcią a jednostkami procesora.

HBM osiąga wysoką przepustowość dzięki radykalnie odmiennej architekturze w porównaniu do tradycyjnych konstrukcji pamięci. Zamiast polegać na szerokim interfejsie o wysokiej częstotliwości taktowania, HBM wykorzystuje znacznie większą liczbę kanałów danych, z których każdy działa z niższą częstotliwością taktowania. Taka konstrukcja pozwala HBM na znacznie szybsze przenoszenie danych, co skutkuje znacznym wzrostem ogólnej przepustowości. Ponadto, pamięci HBM są fizycznie umieszczane bliżej procesora lub karty graficznej, często tuż obok układu, a nawet układane w stosy i łączone za pomocą krzemowych przekładek. Ta fizyczna bliskość jeszcze bardziej zmniejsza opóźnienia transferu danych i poprawia wydajność systemu.

Korzyści płynące z zastosowania pamięci HBM są szczególnie zauważalne w aplikacjach wymagających intensywnego przetwarzania danych, jak ma to miejsce w przypadku sztucznej inteligencji i uczenia maszynowego. Modele sztucznej inteligencji, zwłaszcza głębokie sieci neuronowe, korzystają z możliwości szybszego przenoszenia dużych zestawów danych i modeli przez pamięć, skracając czas szkolenia i zwiększając szybkość wnioskowania. Ma to kluczowe znaczenie dla aplikacji, które muszą działać w czasie rzeczywistym lub zbliżonym do rzeczywistego, takich jak autonomiczna jazda, usługi tłumaczeniowe w czasie rzeczywistym lub interaktywni asystenci AI.

HBM wspiera również rozwój bardziej złożonych i potężnych modeli sztucznej inteligencji, ponieważ deweloperzy nie są już w takim samym stopniu ograniczeni przepustowością pamięci. Otwiera to nowe możliwości dla badań i rozwoju sztucznej inteligencji, ponieważ modele mogą być głębsze, bardziej precyzyjne, a tym samym bardziej wydajne, bez konieczności akceptowania nieproporcjonalnych strat w szybkości wykonywania.

Równowaga między wydajnością procesora, pojemnością pamięci i przepustowością pamięci ma obecnie kluczowe znaczenie dla optymalizacji systemów sztucznej inteligencji.

Efektywność energetyczna

Efektywność energetyczna, jak opisano powyżej, jest kluczowym czynnikiem w sprzęcie AI, szczególnie w przypadku aplikacji działających na urządzeniach mobilnych lub w dużych centrach danych. Energooszczędny sprzęt zmniejsza zużycie energii i związane z tym koszty, co jest szczególnie ważne, ponieważ trenowanie modeli AI i uruchamianie aplikacji AI może być energochłonne. Wyspecjalizowane chipy i procesory AI są często projektowane tak, aby oferować wyższą efektywność energetyczną w porównaniu z procesorami ogólnymi.

Specjalizacja a uogólnienie

Rozróżnienie między ogólnymi procesorami CPU a wyspecjalizowanymi komponentami sprzętowymi AI, takimi jak GPU (Graphics Processing Units) i TPU (Tensor Processing Units), ma fundamentalne znaczenie, jeśli chodzi o uruchamianie aplikacji AI. Procesory CPU, centralne elementy większości komputerów, są przeznaczone do szerokiego zakresu zadań. Mogą obsługiwać wszystko, od prostych zadań obliczeniowych po złożone operacje logiczne. Ich architektura została zaprojektowana z myślą o elastyczności i możliwości sekwencyjnego przetwarzania danych, co czyni je idealnymi do ogólnych zadań obliczeniowych.

Z kolei układy GPU zostały pierwotnie opracowane z myślą o przetwarzaniu grafiki i obrazów, ale ich zdolność do równoległego wykonywania wielu obliczeń sprawia, że są one szczególnie cenne również w zastosowaniach związanych ze sztuczną inteligencją. Układy GPU mogą uruchamiać tysiące wątków jednocześnie, dzięki czemu idealnie nadają się do masowych równoległych operacji obliczeniowych powszechnych w uczeniu maszynowym i głębokim uczeniu. Ta zdolność przetwarzania równoległego oznacza, że układy GPU mogą trenować i wykonywać modele i algorytmy sztucznej inteligencji znacznie szybciej niż procesory centralne.

Jednostki TPU są jeszcze bardziej specyficzne dla zadań AI i zostały zaprojektowane od podstaw w celu efektywnego wspierania uczenia maszynowego. Układy TPU optymalizują niektóre operacje matematyczne, które często występują w obliczeniach AI, takie jak mnożenie macierzy, co może prowadzić do jeszcze szybszych obliczeń w porównaniu z układami GPU. Przykładowo, Google wykorzystuje wewnętrznie układy TPU do trenowania i uruchamiania swoich modeli sztucznej inteligencji, co skutkuje znaczną poprawą wydajności.

Wybór pomiędzy procesorami CPU, GPU i TPU w dużej mierze zależy od konkretnego zastosowania sztucznej inteligencji. Podczas gdy procesory CPU są nadal niezbędne ze względu na ich elastyczność i zdolność do obsługi szerokiego zakresu zadań, układy GPU i TPU oferują kluczowe zalety w obliczeniach AI. Decyzja o tym, jakiego sprzętu użyć, opiera się na wielu czynnikach, w tym na charakterze zadania AI, rozmiarze i złożoności modelu, ograniczeniach czasowych i kosztowych oraz specyficznych wymaganiach aplikacji.

Specjalizacja układów GPU i TPU umożliwia wydajniejsze i szybsze wykonywanie obliczeń AI, ale specjalizacja ta wiąże się z kompromisem w postaci elastyczności. Układy GPU i TPU są zoptymalizowane pod kątem określonych typów obliczeń i mogą nie być tak skuteczne w zadaniach wykraczających poza te specjalizacje. W niektórych przypadkach, zwłaszcza w przypadku mniejszych lub mniej intensywnych obliczeniowo projektów AI, procesor centralny może być wystarczającą i bardziej opłacalną opcją. Jednak w przypadku dużych projektów AI, które wymagają intensywnych obliczeń, korzyści płynące ze specjalistycznego sprzętu wyraźnie przewyższają potencjalne ograniczenia elastyczności.

Dostępność

Dostępność sprzętu przyjaznego sztucznej inteligencji określa, kto jest w stanie opracowywać i trenować modele AI. Podczas gdy duże firmy i organizacje badawcze mogą mieć dostęp do najnowszych technologii, ważne jest, aby narzędzia programistyczne i sprzęt były również dostępne dla mniejszych zespołów programistycznych i osób prywatnych, aby wspierać szeroki zakres innowacji i zastosowań.

Ogólnie rzecz biorąc, rozwój sztucznej inteligencji jest nierozerwalnie związany z ewolucją sprzętu. Podczas gdy oprogramowanie definiuje "inteligencję" systemów AI, to sprzęt sprawia, że inteligencja ta jest możliwa do zrealizowania i praktyczna. Przyszłość sztucznej inteligencji zależy zatem nie tylko od przełomów w algorytmach i nauce o danych, ale także od postępów w sprzęcie, który wspiera te innowacje.

Podstawowe pojęcia i zastosowania sztucznej inteligencji i uczenia maszynowego

Sztuczna inteligencja (AI) i uczenie maszynowe (ML) to dziedziny informatyki zajmujące się rozwojem systemów zdolnych do wykonywania zadań wymagających ludzkiej inteligencji. Technologie te mogą potencjalnie zmienić wiele aspektów naszego życia, od sposobu, w jaki pracujemy, po nasze rozumienie zdrowia i medycyny. Aby zrozumieć podstawy i zastosowania tych dyscyplin, warto zapoznać się z niektórymi ich podstawowymi pojęciami i typowymi obszarami zastosowań.

Podstawowe koncepcje sztucznej inteligencji

Sztuczna inteligencja odnosi się do szerokiej dziedziny, która umożliwia maszynom wykonywanie zadań, które zazwyczaj wymagają ludzkiej inteligencji. Obejmuje to rozwiązywanie problemów, rozumienie języka naturalnego, rozpoznawanie wzorców i obrazów, podejmowanie decyzji i wiele innych. Sztuczną inteligencję można podzielić na dwie główne kategorie:

- Słaba sztuczna inteligencja, znana również jako "sztuczna inteligencja stosowana", jest nieodłącznym elementem systemów zaprojektowanych do określonych zadań, takich jak asystenci sterowani głosem lub systemy rekomendacji.
- Silna sztuczna inteligencja lub "ogólna sztuczna inteligencja" odnosi się do systemów lub maszyn, które mogą kompleksowo replikować funkcjonowanie poznawcze ludzi. Takie systemy są teoretycznie w stanie wykonać każde zadanie umysłowe, które może wykonać człowiek.

Słaba sztuczna inteligencja

Termin "słaba sztuczna inteligencja", często określany jako "sztuczna inteligencja stosowana", odgrywa kluczową rolę w zrozumieniu różnych rodzajów sztucznej inteligencji i ich zastosowań. Słaba sztuczna inteligencja odnosi się do systemów, które są specjalnie zaprojektowane do wykonywania określonego zadania lub wąsko zdefiniowanego zestawu zadań bez replikowania lub rozumienia ludzkiej inteligencji w całości. Ten rodzaj sztucznej inteligencji działa zgodnie z ustalonym zestawem reguł lub uczy się na podstawie danych, aby osiągnąć określone, wcześniej zdefiniowane cele.

Dobrym przykładem słabej sztucznej inteligencji są asystenci sterowani głosem, tacy jak Siri, Alexa czy Google Assistant. Systemy te są szkolone w zakresie rozumienia ludzkiej mowy i reagowania na nią, wyszukiwania informacji, wykonywania prostych poleceń lub odpowiadania na zapytania użytkowników. Chociaż ich zdolność do przetwarzania języka naturalnego i reagowania na różnorodne żądania jest imponująca, działają one w bardzo określonych ramach. Nie są w stanie działać poza zaprogramowaną wiedzą i możliwościami ani wykazać się prawdziwym zrozumieniem lub świadomością.

Innym przykładem są systemy rekomendacji, takie jak te używane przez serwisy streamingowe, takie jak Netflix lub platformy e-commerce, takie jak Amazon. Systemy te analizują zachowania i preferencje użytkowników w celu tworzenia spersonalizowanych sugestii dotyczących filmów, seriali telewizyjnych lub produktów. Chociaż systemy te są w stanie zapewnić niezwykle precyzyjne rekomendacje oparte na ogromnych ilościach danych, ich inteligencja jest ograniczona do tego konkretnego kontekstu.

Słabe systemy sztucznej inteligencji zazwyczaj charakteryzują się uczeniem maszynowym i analizą danych. Wykorzystują one duże ilości danych i algorytmy do rozpoznawania wzorców i podejmowania decyzji w obszarze ich zastosowania. Ich rozwój wymaga dogłębnej wiedzy z zakresu nauki o danych i uczenia maszynowego, a także starannego planowania obszarów zastosowań, aby zapewnić skuteczne i etyczne działanie systemów.

Pomimo ograniczonych możliwości słabej sztucznej inteligencji, jej rozwój ma znaczący wpływ na wiele branż i codziennych zastosowań. Umożliwia automatyzację i wzrost wydajności w takich obszarach jak obsługa klienta, marketing, opieka zdrowotna, usługi finansowe i inne. Postępy w dziedzinie słabej sztucznej inteligencji prowadzą do coraz bardziej inteligentnych systemów, które mogą wykonywać określone zadania z coraz większą precyzją i użytecznością.

Silna sztuczna inteligencja

Silna sztuczna inteligencja, znana również jako sztuczna inteligencja ogólna (AGI), reprezentuje ambitny cel badań nad sztuczną inteligencją, jakim jest opracowanie systemów lub maszyn, które mogą naśladować pełen zakres ludzkich zdolności poznawczych. W przeciwieństwie do słabej sztucznej inteligencji, która jest przeznaczona do konkretnych zadań, silna sztuczna inteligencja ma na celu stworzenie uniwersalnej inteligencji, która uczy się, rozumie, wnioskuje i jest kreatywna w szerokim zakresie dziedzin.

System z silną sztuczną inteligencją byłby w stanie wykonać każde zadanie umysłowe, które może wykonać człowiek. Obejmuje to nie tylko wyspecjalizowane zadania, takie jak gra w szachy lub diagnozowanie choroby, ale także zdolność uczenia się na podstawie doświadczenia, adaptacji do nowych i nieznanych okoliczności, samodzielnego rozwiązywania problemów, kreatywnego myślenia, a nawet posiadania emocji i świadomości. Urzeczywistnienie takiej inteligencji radykalnie przesunęłoby granice tego, co maszyny mogą zrobić i teoretycznie mogłoby stworzyć maszyny, które nie tylko konkurują z ludźmi w określonych zadaniach, ale także są w stanie przewyższyć ludzkie możliwości i samodzielnie wprowadzać innowacje.

Rozwój silnej sztucznej inteligencji rodzi jednak poważne pytania natury technicznej, filozoficznej i etycznej.

Z technicznego punktu widzenia, badania stoją przed wyzwaniem opracowania algorytmów, które umożliwią taką elastyczną i adaptacyjną inteligencję. Może to wymagać przełomów w takich dziedzinach jak uczenie maszynowe, sieci neuronowe i modelowanie poznawcze. Z filozoficznego punktu widzenia idea maszyny posiadającej inteligencję podobną do ludzkiej rodzi pytania o naturę świadomości i tożsamości.

Kwestie etyczne również odgrywają kluczową rolę. Możliwość podejmowania przez maszyny decyzji, które tradycyjnie wymagały ludzkiego osądu, rodzi pytania o odpowiedzialność, bezpieczeństwo i wpływ społeczny.

Chociaż realizacja silnej sztucznej inteligencji jest fascynującą wizją, na tym etapie pozostaje ona w dużej mierze spekulacją i długoterminową perspektywą badań i rozwoju. Większość dzisiejszych systemów sztucznej inteligencji należy do kategorii słabej sztucznej inteligencji, chociaż postępy w uczeniu maszynowym i badaniach nad sztuczną inteligencją stale i szybko przesuwają granice tego, co jest technologicznie możliwe. Jednak rozwój w kierunku silnej sztucznej inteligencji stanowiłby nie tylko znaczący postęp w technologii komputerowej, ale miałby również duży wpływ na niemal każdy aspekt ludzkiego społeczeństwa.

Podstawowe koncepcje uczenia maszynowego

Uczenie maszynowe to poddziedzina sztucznej inteligencji, która wykorzystuje algorytmy i modele statystyczne, aby umożliwić programom komputerowym uczenie się na podstawie danych i doskonalenie się bez wyraźnego programowania. Modele ML uczą się na podstawie doświadczenia (danych), aby przewidywać lub podejmować decyzje w oparciu o nowe, nigdy wcześniej nie widziane dane. Główne kategorie uczenia maszynowego to:

- Uczenie nadzorowane, w którym modele są trenowane przy użyciu par wejście-wyjście. System próbuje nauczyć się funkcji, która mapuje wejścia na wyjścia.
- Uczenie bez nadzoru, w którym algorytmy uczą się na zbiorach danych bez predefiniowanych odpowiedzi i odkrywają ukryte struktury w danych.
- Uczenie ze wzmocnieniem opiera się na zasadzie nagrody i kary. Agent uczy się, jak powinien

zachowywać się w środowisku, aby osiągnąć maksymalną nagrodę.

Uczenie nadzorowane

Uczenie nadzorowane jest jedną z głównych technik w dziedzinie uczenia maszynowego i odgrywa kluczową rolę w rozwoju sztucznej inteligencji.

W tej metodzie model jest trenowany za pomocą zestawu danych składającego się z par wejście-wyjście. Każda para w zestawie danych treningowych składa się z wejścia (często nazywanego "cechą") i powiązanego wyjścia lub celu (zwanego również "etykietą"). Celem uczenia nadzorowanego jest nauczenie się funkcji, która reprezentuje związek między danymi wejściowymi a danymi wyjściowymi tak dokładnie, jak to możliwe. Po wytrenowaniu modelu powinien on być w stanie przewidzieć lub sklasyfikować dane wyjściowe dla nowych, nieznanych danych wejściowych.

Proces uczenia nadzorowanego składa się z kilku etapów. Najpierw wybierany jest algorytm, który wydaje się odpowiedni do określonego zadania. Może to być prosty algorytm, taki jak regresja liniowa do ciągłych prognoz (np. przewidywanie ceny towaru na podstawie jego cech) lub bardziej złożony, taki jak głęboka sieć neuronowa do zadań klasyfikacyjnych (np. rozpoznawanie obiektów na obrazach). Algorytm jest następnie zasilany zestawem danych szkoleniowych, który pomaga mu "nauczyć się" związku między danymi wejściowymi a pożądanymi danymi wyjściowymi.

Szkolenie modelu w ramach uczenia nadzorowanego zazwyczaj obejmuje minimalizację błędu lub straty, która mierzy różnicę między wynikami przewidywanymi przez model a rzeczywistymi wynikami w zestawie danych szkoleniowych. W procesie uczenia model dostosowuje swoje wewnętrzne parametry, aby zminimalizować ten błąd. Po zakończeniu szkolenia model jest oceniany na podstawie oddzielnego zbioru danych, którego nie widział podczas szkolenia (testowy zbiór danych), aby zweryfikować jego dokładność i wydajność.

Uczenie nadzorowane jest wykorzystywane w szerokim zakresie zastosowań, od rozpoznawania mowy i klasyfikacji tekstu po rozpoznawanie obrazów i przewidywanie ruchów na giełdzie. Skuteczność uczenia nadzorowanego zależy w dużej mierze od jakości i ilości dostępnych danych treningowych. Wysokiej jakości, dobrze opisane dane umożliwiają modelowi dokonywanie dokładniejszych prognoz. Jednak gromadzenie i etykietowanie takich danych może być czasochłonne i kosztowne, co stanowi wyzwanie.

Pomimo tego wyzwania, uczenie nadzorowane pozostaje potężną metodą w zestawie narzędzi sztucznej inteligencji, umożliwiając rozwiązywanie złożonych problemów i uzyskiwanie cennych informacji z danych. Ciągłe doskonalenie algorytmów, wraz z rosnącą dostępnością dużych zbiorów danych i potężniejszych zasobów obliczeniowych, napędza postęp i rozprzestrzenianie się metod uczenia nadzorowanego.

Uczenie się bez nadzoru

Uczenie bez nadzoru to metoda uczenia maszynowego, która charakteryzuje się tym, że działa bez wyraźnie określonych odpowiedzi lub etykiet w danych szkoleniowych. W przeciwieństwie do uczenia nadzorowanego, w którym modele są trenowane przy użyciu przykładów ze znanymi parami danych wejściowych i wyjściowych, uczenie bez nadzoru ma na celu odkrycie ukrytych wzorców, struktur lub relacji w zbiorze danych, który składa się wyłącznie z danych wejściowych, bez przypisanych danych wyjściowych lub etykiet.

Metoda ta jest szczególnie przydatna w scenariuszach, w których relacje między punktami danych nie są znane z góry lub gdy niemożliwe lub niepraktyczne jest utworzenie dużego etykietowanego zbioru danych. Uczenie się bez nadzoru można podzielić na różne techniki, w tym grupowanie, redukcję wymiarowości i uczenie się reguł asocjacyjnych.

- Klastrowanie jest jedną z najbardziej znanych technik uczenia się bez nadzoru. W tym przypadku punkty danych są podzielone na grupy (klastry), dzięki czemu punkty w klastrze są do siebie bardziej podobne niż do punktów w innych klastrach. Metoda ta jest często wykorzystywana do segmentacji danych, na przykład w segmentacji klientów w marketingu, w celu zidentyfikowania grup klientów o podobnych preferencjach lub zachowaniach.

- Redukcja wymiarowości jest kolejną ważną techniką stosowaną w celu zmniejszenia złożoności danych poprzez zmniejszenie liczby zmiennych przy jednoczesnym zachowaniu istotnych informacji. Techniki takie jak analiza głównych składowych (PCA) są wykorzystywane do zmniejszenia wymiarowości zbiorów danych, co nie tylko oszczędza miejsce i czas obliczeniowy, ale także pomaga lepiej zrozumieć podstawowe struktury danych.
- Nauka reguł asocjacyjnych to metoda, której celem jest znalezienie interesujących relacji między zmiennymi w dużych bazach danych. Klasycznym przykładem jest "analiza koszyka zakupów" w handlu detalicznym, która bada, które produkty są często kupowane razem w celu optymalizacji strategii sprzedaży.

Wyzwanie związane z uczeniem bez nadzoru polega na tym, że bez z góry określonych odpowiedzi ocena wydajności modelu jest mniej jasna niż w przypadku uczenia nadzorowanego. Nie ma prostej "właściwej" odpowiedzi, a jakość wyników często musi być oceniana na podstawie kontekstu lub ludzkiej wiedzy. Niemniej jednak, uczenie bez nadzoru zapewnia potężne narzędzia do uzyskiwania wglądu w dane, które w przeciwnym razie pozostałyby ukryte, szczególnie na wczesnych etapach eksploracji danych, gdy nie jest jeszcze jasne, jakie pytania należy zadać lub jakie struktury istnieją.

Dzięki możliwości rozpoznawania ukrytych wzorców w danych bez polegania na wcześniejszych adnotacjach, nienadzorowane uczenie się odgrywa coraz ważniejszą rolę w wielu obszarach analizy danych, od odkrywania nowych spostrzeżeń naukowych po ulepszanie procesów biznesowych i doświadczeń klientów.

Uczenie ze wzmocnieniem

Uczenie ze wzmocnieniem to kolejna dynamiczna metoda uczenia maszynowego, która opiera się na zasadach nagrody i kary. U podstaw uczenia ze wzmocnieniem leży agent, który uczy się wybierać najlepsze możliwe działania poprzez interakcję ze swoim środowiskiem, aby osiągnąć swoje cele. Ten paradygmat uczenia się jest inspirowany psychologią behawioralną i naśladuje sposób, w jaki żywe istoty uczą się, szukając nagród i unikając kar.

Podstawowa koncepcja uczenia ze wzmocnieniem obraca się wokół agenta, środowiska i interakcji między nimi. Agent podejmuje decyzje lub wykonuje działania w każdym stanie środowiska. W odpowiedzi środowisko zmienia swój stan i przekazuje agentowi informacje zwrotne w postaci nagród lub kar. Nagroda jest wartością liczbową, która sygnalizuje agentowi, jak korzystne było dane działanie. Celem agenta jest nauczenie się strategii (znanej również jako polityka), która maksymalizuje skumulowaną nagrodę w czasie.

Uczenie ze wzmocnieniem znalazło imponujące zastosowania w różnych dziedzinach, od optymalizacji strategii gier szachowych i Go, gdzie programy takie jak AlphaGo osiągnęły historyczne kamienie milowe, po robotykę, gdzie jest wykorzystywane do uczenia robotów autonomicznego opanowania złożonych zadań, takich jak chodzenie, chwytanie lub latanie. Znajduje również zastosowanie w automatyzacji i optymalizacji procesów decyzyjnych w złożonych systemach, takich jak inteligentne sieci i finanse.

Jednym z głównych wyzwań w uczeniu ze wzmocnieniem jest równowaga między eksploracją a eksploatacją. Eksploracja odnosi się do wypróbowywania nowych działań, aby dowiedzieć się więcej o środowisku, podczas gdy eksploatacja to wykorzystanie wcześniej zdobytej wiedzy w celu maksymalizacji nagrody. Skuteczny agent musi nauczyć się, kiedy lepiej jest badać nowe strategie, a kiedy należy wykonywać sprawdzone działania.

Kolejnym wyzwaniem jest skalowanie: wiele rzeczywistych problemów oferuje ogromną lub nawet nieskończoną liczbę stanów i działań, co czyni je trudnymi do rozwiązania przy użyciu tradycyjnych metod. W tym miejscu do gry wkraczają zaawansowane techniki, takie jak głębokie sieci neuronowe, znane jako "deep reinforcement learning". Metody te mają zdolność uczenia się na podstawie złożonych i wielowymiarowych danych i doprowadziły do znaczących przełomów w stosowaniu uczenia ze wzmocnieniem.

Moce obliczeniowe dla algorytmów sztucznej inteligencji

Potrzeba potężnych mocy obliczeniowych do rozwoju i zastosowania sztucznej inteligencji nie może być wystarczająco podkreślona. Zależność ta wynika z nieodłącznej złożoności algorytmów sztucznej inteligencji, zwłaszcza tych należących do domeny uczenia maszynowego (ML) i głębokiego uczenia. Przetwarzanie ogromnych ilości danych, trenowanie rozległych sieci neuronowych i analizowanie informacji w czasie rzeczywistym wymaga wyjątkowej mocy obliczeniowej. Powody tych wymagań można podsumować następująco:

Obszerne zestawy danych

Modele AI i ML uczą się i doskonalą poprzez analizę dużych zbiorów danych. Przetwarzanie i analizowanie tych danych wymaga znacznych zasobów obliczeniowych. Im większy zestaw danych, tym dokładniej model może rozpoznawać wzorce i dokonywać prognoz. Przetwarzanie takich zestawów danych w akceptowalnym czasie wymaga jednak wysokowydajnych systemów obliczeniowych.

Złożoność modeli

Nowoczesne modele sztucznej inteligencji, zwłaszcza głębokie sieci neuronowe, składają się z milionów, a nawet miliardów parametrów, które należy dostosować w celu uzyskania precyzyjnych prognoz lub analiz. Trenowanie tych modeli wymaga ogromnej ilości mnożeń macierzy i innych intensywnych obliczeniowo operacji, które byłyby niepraktyczne bez potężnego sprzętu.

Wymagania w czasie rzeczywistym

Wiele aplikacji AI, takich jak autonomiczne pojazdy, asystenci osobiści i usługi tłumaczeniowe w czasie rzeczywistym, wymaga szybkiego podejmowania decyzji i reagowania. Te wymagania w czasie rzeczywistym mogą być spełnione tylko dzięki dużej mocy obliczeniowej, aby zminimalizować opóźnienia i zapewnić płynne wrażenia użytkownika.

Iteracyjne szkolenie i optymalizacja

Rozwój modeli sztucznej inteligencji jest procesem iteracyjnym, w którym modele są stale dostosowywane, testowane i ponownie szkolone w celu poprawy ich dokładności i skuteczności. Proces ten może być żmudny bez szybkiego i wydajnego sprzętu, co wpływa na szybkość innowacji i praktyczne wdrażanie wyników badań.

Specjalistyczny sprzęt

Specyficzne wymagania algorytmów sztucznej inteligencji doprowadziły do opracowania specjalistycznego sprzętu, takiego jak GPU (Graphics Processing Units), TPU (Tensor Processing Units) i FPGA (Field-Programmable Gate Arrays). Są one zoptymalizowane pod kątem przetwarzania równoległego i innych operacji obliczeniowych typowych dla sztucznej inteligencji, co znacznie przyspiesza szkolenie i wykonywanie modeli AI.

Podsumowując, postępy w dziedzinie sztucznej inteligencji są nierozerwalnie związane z postępami w zakresie mocy obliczeniowej. Dostępność i dalszy rozwój potężnych mocy obliczeniowych ma kluczowe znaczenie dla badań nad nowymi metodami uczenia maszynowego, rozwoju bardziej zaawansowanych i złożonych modeli oraz szerokiego zastosowania technologii sztucznej inteligencji w przemyśle i życiu codziennym. Inwestycje w zasoby obliczeniowe są zatem podstawowym warunkiem postępu i innowacji w dziedzinie sztucznej inteligencji.

Rodzaje chipów używanych w sztucznej inteligencji

Rozwój i zastosowanie sztucznej inteligencji jest ściśle powiązane z postępami w technologii sprzętowej. Różne rodzaje układów scalonych odgrywają kluczową rolę w badaniach i zastosowaniach sztucznej inteligencji, a każdy z nich ma swoje mocne strony i określone obszary zastosowań. Oto przegląd najczęściej używanych układów w sztucznej inteligencji: CPU, GPU, TPU i FPGA.

Procesory (centralne jednostki przetwarzania)

Procesory, skrót od Central Processing Units, od dawna stanowią serce nowoczesnych komputerów i odgrywają kluczową rolę w przetwarzaniu informacji. Zostały zaprojektowane do obsługi szerokiego zakresu zadań, od najbardziej podstawowych obliczeń po złożone algorytmy wykorzystywane w analizie danych, projektowaniu graficznym i wielu innych obszarach. Zasadniczo procesory działają jak mózg komputera, wykonując instrukcje z programów poprzez serię operacji arytmetycznych.

Architektura procesora jest zwykle podzielona na kilka rdzeni, dzięki czemu każdy rdzeń jest w stanie przetwarzać zadania równolegle. Zwiększa to wydajność i szybkość całego systemu, zwłaszcza w przypadku programów zoptymalizowanych pod kątem wielowątkowości. Wydajność procesora jest określana przez różne czynniki, w tym jego częstotliwość taktowania, która jest mierzona w gigahercach (GHz), liczbę rdzeni, rozmiar pamięci podręcznej i wydajność jego architektury.

Nowoczesne procesory zawierają również specjalne jednostki funkcjonalne, takie jak procesory wektorowe lub zintegrowane jednostki graficzne, które są zoptymalizowane pod kątem określonych zadań, takich jak renderowanie grafiki lub przyspieszanie uczenia maszynowego. Rozwój ten odzwierciedla rosnące zapotrzebowanie na wielofunkcyjne urządzenia, które mogą obsługiwać zarówno wydajne operacje obliczeniowe, jak i zaawansowane przetwarzanie grafiki.

Ewolucja technologii procesorów na przestrzeni lat doprowadziła do znacznego wzrostu wydajności, co z kolei umożliwiło rozwój oprogramowania i aplikacji, które mogą wykonywać coraz bardziej zaawansowane zadania. Postępy te odegrały kluczową rolę w kształtowaniu współczesnego cyfrowego świata, od rozszerzenia możliwości w dziedzinie sztucznej inteligencji po umożliwienie złożonych symulacji naukowych.

Pomimo ich kluczowej roli w technologii obliczeniowej, przyszłość procesorów jest kwestionowana przez pojawiające się technologie, takie jak obliczenia kwantowe i wyspecjalizowane jednostki przetwarzające, takie jak procesory graficzne (GPU) i tablice bramek programowalnych przez użytkownika (FPGA). Technologie te oferują znaczną przewagę wydajnościową w niektórych zastosowaniach i mogą zasadniczo zmienić sposób wykorzystania mocy obliczeniowej w przyszłości.

Wykorzystanie procesorów w sztucznej inteligencji

Procesory są w stanie obsłużyć szeroki zakres zadań, zwłaszcza tych, które wymagają przetwarzania sekwencyjnego. Sprawia to, że idealnie nadają się do wczesnych etapów tworzenia oprogramowania, implementacji algorytmów, które nie opierają się na wysokiej równoległości, oraz do zastosowań, w których kolejność operacji ma krytyczne znaczenie. Ponadto procesory są łatwo dostępne ze względu na ich powszechną obecność w komputerach i serwerach, co czyni je praktycznym wyborem dla wielu zadań programistycznych i obliczeniowych.

Pomimo tej wszechstronności i dostępności, procesory CPU mają wady, zwłaszcza w porównaniu ze sprzętem zaprojektowanym specjalnie do obliczeń AI, takim jak GPU (Graphics Processing Units) i TPU (Tensor Processing Units). Te wyspecjalizowane procesory mogą znacznie wydajniej wykonywać zadania wymagające wysoce równoległych operacji obliczeniowych. Sztuczna inteligencja i uczenie maszynowe (ML) to obszary, które szczególnie korzystają z tego typu możliwości przetwarzania równoległego, ponieważ umożliwiają one przetwarzanie dużych zbiorów danych i wykonywanie złożonych obliczeń w znacznie krótszym czasie.

Układy GPU, pierwotnie zaprojektowane do obliczeń graficznych, okazały się jednak szczególnie przydatne do akceleracji obciążeń AI i ML. Wynika to z ich zdolności do wykonywania tysięcy mniejszych obliczeń jednocześnie, co czyni je idealnymi do operacji macierzowych i wektorowych, które są powszechne w tych aplikacjach. TPU, które są jeszcze bardziej wyspecjalizowane, zostały specjalnie zaprojektowane do przyspieszania obliczeń tensorowych w kontekście TensorFlow firmy Google, szeroko stosowanego frameworka uczenia maszynowego. Oferują one jeszcze większą wydajność dla niektórych obliczeń AI.

Ograniczenia procesorów CPU w zakresie wysoce równoległych obliczeń AI wynikają głównie z ich architektury. Choć zostały one zaprojektowane z myślą o szerokim zakresie zadań, nie są w stanie wykonywać takiej samej liczby operacji jednocześnie, jak układy GPU czy TPU. Prowadzi to do wydłużenia czasu wykonywania zadań, które w dużym stopniu opierają się na przetwarzaniu równoległym, co ma miejsce w przypadku wielu nowoczesnych aplikacji AI. W rezultacie, chociaż procesory CPU odgrywają ważną rolę w opracowywaniu i wykonywaniu programów AI, zwłaszcza w scenariuszach, w których specjalistyczny sprzęt nie jest wymagany lub nie jest dostępny, są one często uzupełniane lub zastępowane przez układy GPU lub TPU, jeśli chodzi o skalowanie i przyspieszanie obliczeń AI.

Procesory graficzne (Graphics Processing Units)

Układy GPU, czyli procesory graficzne, przeszły znaczący rozwój, który wykracza daleko poza ich pierwotne zastosowania w przetwarzaniu grafiki.

Pierwotnie opracowane w celu przyspieszenia wyświetlania obrazów i filmów na ekranach, stały się niezbędnym narzędziem do trenowania modeli sztucznej inteligencji (AI) i uczenia maszynowego (ML). Ewolucja ta była możliwa dzięki unikalnym cechom układów GPU, w szczególności ich wysoce równoległej architekturze.

Podstawową siłą układów GPU jest ich zdolność do jednoczesnego przetwarzania tysięcy wątków, co czyni je niezwykle wydajnymi w zadaniach wymagających masowego przetwarzania równoległego. Cecha ta czyni je idealnymi do trenowania modeli AI i ML, które muszą wykonywać złożone obliczenia na dużych zestawach danych. W przeciwieństwie do procesorów CPU, które są przeznaczone do przetwarzania sekwencyjnego i mają ograniczoną liczbę rdzeni do zadań równoległych, układy GPU mogą wykonywać ogromną liczbę operacji jednocześnie, znacznie skracając czas przetwarzania odpowiednich zadań.

Uczenie modeli AI i ML jest szczególnie intensywne obliczeniowo, ponieważ wymaga wielokrotnego dostosowywania parametrów na dużych zestawach danych w celu optymalizacji modelu. Proces ten wymaga ogromnej ilości operacji na macierzach i wektorach, czyli zadań, do których szczególnie dobrze nadają się układy GPU. Korzystając z układów GPU, badacze i deweloperzy mogą skrócić czas potrzebny na trenowanie modeli z tygodni lub miesięcy do dni, a nawet godzin, tworząc szybszy cykl iteracji i możliwość eksploracji bardziej złożonych modeli.

Rosnące wykorzystanie układów GPU w obliczeniach AI i ML doprowadziło do rozwoju specjalistycznego sprzętu, który jest specjalnie zoptymalizowany pod kątem tego typu obliczeń. Obejmuje to ulepszenia architektury GPU ukierunkowane na maksymalizację wydajności i efektywności obliczeń AI. Ponadto, upowszechnienie się układów GPU przyspieszyło rozwój frameworków i bibliotek, takich jak TensorFlow, PyTorch i innych, które upraszczają programowanie dla przetwarzania równoległego i demokratyzują dostęp do zasobów GPU.

Transformacyjna rola układów GPU w świecie sztucznej inteligencji i uczenia maszynowego jest wyraźnym przykładem tego, jak zdolność adaptacji i moc sprzętu mogą napędzać rozwój technologii. Zapewniając moc obliczeniową niezbędną do trenowania modeli, układy GPU nie tylko przyspieszyły badania i rozwój w tych dziedzinach, ale także otworzyły nowe możliwości dla innowacji i zastosowań, które wcześniej wydawały się poza zasięgiem.

Układy GPU są szczególnie skuteczne w operacjach, które są powszechne w uczeniu maszynowym i głębokim uczeniu, takich jak mnożenie macierzy. Ich zdolność do jednoczesnego wykonywania tysięcy wątków sprawia, że są one preferowanym wyborem do trenowania złożonych sieci neuronowych.

Znaczne przyspieszenie, jakie procesory graficzne oferują w stosunku do procesorów centralnych w zadaniach przetwarzania równoległego, uczyniło je niezbędnym narzędziem w dziedzinie szkolenia modeli sztucznej inteligencji. Przyspieszenie to wynika z fundamentalnych różnic architektonicznych pomiędzy tymi dwoma typami procesorów. Podczas gdy procesory CPU są przeznaczone do szerokiego zakresu zadań i są w stanie wykonywać złożone instrukcje przy stosunkowo niewielkiej liczbie rdzeni, układy GPU są specjalnie zaprojektowane do przetwarzania wielu równoległych wątków. Pozwala to układom GPU na wykonywanie tysięcy operacji jednocześnie w porównaniu do ograniczonej liczby operacji równoległych, które może wykonywać CPU.

Ta zdolność do masowego przetwarzania równoległego sprawia, że układy GPU są szczególnie odpowiednie do trenowania modeli sztucznej inteligencji, co wymaga intensywnych obliczeniowo operacji na dużych zbiorach danych. Podczas trenowania modeli AI i ML, często trzeba dokonać milionów, a nawet miliardów korekt parametrów, aby poprawić dokładność modelu. Każdy z tych kroków wymaga złożonych obliczeń, które są rozproszone po całym zestawie danych. Wydajność przetwarzania równoległego układów GPU umożliwia wykonywanie tych obliczeń jednocześnie, co znacznie skraca czas potrzebny na wytrenowanie modelu.

Ponadto, rozwój technologii GPU oraz optymalizacja oprogramowania i frameworków do uczenia maszynowego sprawiły, że układy GPU stały się jeszcze bardziej wydajne w wykonywaniu tych specjalistycznych zadań. Programiści i badacze mają obecnie dostęp do bibliotek i frameworków, takich jak CUDA (platforma obliczeń równoległych i model programowania opracowany przez firmę NVIDIA), TensorFlow i PyTorch, które zostały zaprojektowane specjalnie w celu przyspieszenia obliczeń na procesorach graficznych. Narzędzia te zapewniają poziom abstrakcji, który umożliwia efektywne wykorzystanie złożonych możliwości przetwarzania równoległego układów GPU bez konieczności posiadania dogłębnej wiedzy na temat sprzętu.

Znaczenie procesorów graficznych dla trenowania modeli sztucznej inteligencji znajduje również odzwierciedlenie w szybkim rozwoju specjalistycznego sprzętu do obliczeń AI. Firmy takie jak NVIDIA i AMD nieustannie opracowują nowe modele GPU zaprojektowane specjalnie do uczenia maszynowego i optymalizacji AI, aby sprostać wymaganiom współczesnych badań i rozwoju AI. Rozwój ten obejmuje nie tylko poprawę mocy obliczeniowej, ale także efektywności energetycznej, co ma kluczowe znaczenie dla szkolenia coraz bardziej złożonych modeli.

Połączenie zaawansowanego sprzętu, specjalistycznego oprogramowania i rosnącej dostępności danych treningowych sztucznej inteligencji zapoczątkowało erę, w której granice możliwości uczenia maszynowego są stale przesuwane. Układy GPU są kluczowym elementem umożliwiającym te postępy, zapewniając moc obliczeniową niezbędną do trenowania złożonych modeli w wykonalnych ramach czasowych. Przyspieszyło to nie tylko rozwój w tradycyjnych obszarach sztucznej inteligencji, ale także umożliwiło innowacyjne zastosowania w takich dziedzinach jak genomika, modelowanie klimatu i rozpoznawanie wzorców w dużych ilościach danych.

Jednostki TPU (Tensor Processing Units)

Jednostki przetwarzania tensorowego (TPU) to rodzaj układów scalonych specyficznych dla aplikacji (ASIC) opracowanych przez Google specjalnie w celu przyspieszenia uczenia maszynowego (ML) i aplikacji sztucznej inteligencji (AI).

Układy te stanowią znaczący postęp w technologii sprzętowej mającej na celu znaczną poprawę wydajności i szybkości uczenia modeli ML oraz wnioskowania. TPU są doskonałym przykładem rozwoju specjalistycznego sprzętu zaprojektowanego w celu spełnienia specyficznych wymagań obliczeń AI.

Jedną z kluczowych cech procesorów TPU jest ich zdolność do równoległego wykonywania dużej liczby obliczeń, co czyni je szczególnie wydajnymi w przetwarzaniu operacji na tensorach. Tensory to wielowymiarowe tablice danych, które odgrywają kluczową rolę w algorytmach uczenia maszynowego, zwłaszcza w głębokich sieciach neuronowych. Dzięki optymalizacji pod kątem tego typu obliczeń, TPU mogą trenować i wykonywać modele ML szybciej niż ogólne układy GPU i CPU, zwłaszcza w przypadku aplikacji opartych na frameworku Google TensorFlow, który został specjalnie dostosowany do efektywnego wykorzystania TPU.

Architektura TPU została zaprojektowana w celu osiągnięcia wysokiej przepustowości dla operacji ML przy niskim zużyciu energii. Ta wydajność sprawia, że TPU są szczególnie atrakcyjne do stosowania w centrach danych i środowiskach przetwarzania w chmurze, gdzie stanowią podstawę infrastruktury ML Google. TPU umożliwiają szybsze trenowanie i wnioskowanie złożonych modeli, co przyspiesza rozwój i wdrażanie aplikacji AI.

Kolejną zaletą układów TPU jest ich zdolność do pracy z danymi o obniżonej precyzji, co oznacza, że mogą one wykonywać obliczenia z niższą dokładnością numeryczną bez znaczącego wpływu na wydajność lub dokładność ostatecznego modelu. Ta zdolność zmniejsza wymagania dotyczące pamięci i obciążenie obliczeniowe, co skutkuje szybszymi obliczeniami i bardziej efektywnym wykorzystaniem zasobów sprzętowych.

Od czasu ich wprowadzenia, Google opracowało kilka generacji TPU, z których każda poprawiła szybkość, wydajność i funkcjonalność. Rozwój ten odzwierciedla rosnące znaczenie specjalistycznego sprzętu dla aplikacji AI i podkreśla inwestycje branży technologicznej w badania i rozwój rozwiązań, które nadal przesuwają granice tego, co jest możliwe dzięki sztucznej inteligencji.

W praktyce TPU są wykorzystywane w szerokim zakresie zastosowań, od przetwarzania mowy i rozpoznawania obrazu po systemy rekomendacji i zaawansowane narzędzia analityczne. Ich wprowadzenie doprowadziło do znacznej poprawy wydajności i dostępności technologii sztucznej inteligencji, zapewniając firmom i programistom potężne narzędzia do opracowywania i wdrażania innowacyjnych rozwiązań.

Jednostki przetwarzania tensorowego (TPU) są znane ze swojej wyjątkowej zdolności do szybkiego i wydajnego wykonywania operacji tensorowych, które mają kluczowe znaczenie dla głębokiego uczenia się i uczenia maszynowego. Te wyspecjalizowane układy zostały zaprojektowane tak, aby zapewnić wysoką przepustowość przy niskim opóźnieniu, co czyni je szczególnie korzystnymi do stosowania wyszkolonych modeli (wnioskowania) i szkolenia modeli głębokiego uczenia się. Ich optymalizacja pod kątem operacji tensorowych umożliwia jednostkom TPU wykonywanie obliczeń powszechnych w algorytmach głębokiego uczenia się szybciej niż konwencjonalne procesory, takie jak CPU i GPU. Ma to znaczący wpływ na wydajność i szybkość aplikacji i usług AI.

Jedną z głównych zalet TPU w fazie wnioskowania jest ich zdolność do minimalizowania czasu reakcji. Jest to szczególnie ważne w przypadku aplikacji interaktywnych, w których krótki czas reakcji ma kluczowe znaczenie dla doświadczenia użytkownika, takich jak rozpoznawanie mowy, rozpoznawanie obrazu i usługi tłumaczenia w czasie rzeczywistym. Niskie opóźnienia jednostek TPU umożliwiają stosowanie złożonych modeli w czasie rzeczywistym, znacznie poprawiając wydajność i szybkość reakcji usług takich jak wyszukiwarka Google, Gmail i Zdjęcia Google.

TPU oferują również trwałe korzyści podczas trenowania modeli głębokiego uczenia. Ich architektura umożliwia równoległe przetwarzanie dużej ilości danych, co znacznie skraca czas potrzebny na trenowanie modeli. Jest to nieocenione w dziedzinie charakteryzującej się szybkimi cyklami innowacji i potrzebą ciągłego trenowania coraz większych i bardziej złożonych modeli. Zdolność TPU do wydajnej pracy z danymi o zmniejszonej precyzji dodatkowo pomaga zoptymalizować zasoby obliczeniowe i umożliwia badaczom i programistom szybsze iterowanie i skalowanie podejść eksperymentalnych.

Kolejną ważną zaletą procesorów TPU jest ich wydajność energetyczna. Podczas przetwarzania dużych zbiorów danych lub trenowania złożonych modeli, koszty energii mogą być wysokie. Układy TPU zostały zaprojektowane tak, aby zapewnić wyższą moc obliczeniową przy niższym zużyciu energii, co nie tylko obniża koszty, ale także zmniejsza wpływ centrów danych na środowisko. Ta wydajność sprawia, że TPU są szczególnie atrakcyjne do stosowania w środowiskach przetwarzania w chmurze, gdzie zasoby i zużycie energii muszą być starannie zarządzane.

Ogólnie rzecz biorąc, TPU stały się kluczowym elementem infrastruktury Google, umożliwiając usługom i aplikacjom AI przyspieszenie i skalowanie w sposób, który nie byłby możliwy przy użyciu tradycyjnego sprzętu.

Ich rozwój odzwierciedla rosnące znaczenie specjalistycznego sprzętu dla badań i zastosowań sztucznej inteligencji oraz podkreśla potrzebę optymalizacji zasobów obliczeniowych w celu przesunięcia granic tego, co jest możliwe dzięki technologii.

Układy FPGA (Field-Programmable Gate Arrays)

Układy FPGA (Field-Programmable Gate Arrays) są specjalnym rodzajem układów scalonych, które oferują elastyczne i wydajne rozwiązanie dla różnych zastosowań.

W przeciwieństwie do tradycyjnych układów scalonych, które są projektowane z ustaloną funkcją podczas produkcji, układy FPGA mogą być konfigurowane przez użytkownika końcowego lub projektanta po wyprodukowaniu. Ta elastyczność umożliwia dostosowanie układów FPGA do konkretnych zastosowań lub zadań, czyniąc je wszechstronnym narzędziem w elektronice i inżynierii komputerowej.

Programowalna natura układów FPGA opiera się na matrycy bloków logicznych i różnorodnych rekonfigurowalnych połączeniach, które umożliwiają tworzenie złożonych obwodów cyfrowych. Użytkownicy mogą dostosować te bloki logiczne i połączenia, ładując plik konfiguracyjny (często określany jako bitstream), aby zrealizować praktycznie dowolną pożądaną funkcję logiczną lub obwód cyfrowy. Ta elastyczność sprawia, że układy FPGA są szczególnie atrakcyjne do prototypowania, ponieważ pozwalają programistom na szybką iterację i dostosowywanie projektów bez konieczności produkcji nowego sprzętu.

Kolejną zaletą układów FPGA jest możliwość przetwarzania równoległego, co sprawia, że nadają się one do zastosowań wymagających dużej szybkości przetwarzania, takich jak przetwarzanie sygnałów, kryptografia, a nawet niektóre rodzaje zadań uczenia maszynowego i przetwarzania danych. W przeciwieństwie do procesorów, które przetwarzają instrukcje sekwencyjnie, układy FPGA mogą wykonywać wiele obliczeń jednocześnie, co może znacznie przyspieszyć niektóre procesy.

Ponadto, układy FPGA oferują korzyści w zakresie efektywności energetycznej i opóźnień. Ponieważ układy FPGA można skonfigurować specjalnie pod kątem danego zadania, możliwe jest tworzenie bardzo wydajnych projektów, które zużywają mniej energii niż ogólne procesory do tego samego zadania. Podobnie, bezpośrednia implementacja algorytmów na poziomie sprzętowym może zmniejszyć opóźnienia, co może mieć krytyczne znaczenie podczas przetwarzania danych w aplikacjach czasu rzeczywistego.

Pomimo tych zalet, układy FPGA mają również wady, takie jak złożoność programowania i koszty początkowe. Projektowanie i optymalizacja systemów opartych na FPGA wymaga specjalistycznej wiedzy i narzędzi, co może zwiększać bariery wejścia na rynek. Ponadto, początkowe koszty sprzętu dla układów FPGA są wyższe w porównaniu do masowo produkowanych chipów, co może sprawić, że będą one mniej atrakcyjne dla użytkowników końcowych.

W ostatnich latach układy FPGA zyskały jednak na popularności, szczególnie w branży telekomunikacyjnej, motoryzacyjnej, obronnej i lotniczej, a także w centrach danych i akceleracji usług przetwarzania w chmurze. Ich możliwość dostosowania do potrzeb użytkownika i wydajność sprawiają, że są one ważnym narzędziem dla projektantów i inżynierów pracujących w czołówce rozwoju technologii.

Wysoka elastyczność i zdolność adaptacji układów FPGA sprawiają, że są one atrakcyjną opcją dla niestandardowych aplikacji AI, zwłaszcza w scenariuszach, w których wymagania dotyczące przetwarzania muszą być precyzyjnie dostosowane. Ta zdolność do precyzyjnego dostosowywania się do konkretnych zadań oferuje znaczące korzyści pod względem wydajności i wydajności systemów sztucznej inteligencji, zwłaszcza w porównaniu z bardziej ogólnymi rozwiązaniami obliczeniowymi, takimi jak GPU i TPU.

Jedną z głównych zalet układów FPGA w zastosowaniach sztucznej inteligencji jest ich energooszczędność. Układy FPGA można skonfigurować tak, aby wykonywały tylko niezbędne operacje dla danego zadania, bez narzutów typowych dla uogólnionych procesorów. To bezpośrednie dostosowanie do zadania sprawia, że układy FPGA są wysoce energooszczędne, co może mieć kluczowe znaczenie w środowiskach o ograniczonej mocy lub w aplikacjach, w których zużycie energii jest czynnikiem krytycznym. Ponadto, możliwość implementacji algorytmów bezpośrednio na poziomie sprzętowym umożliwia dalsze zmniejszenie zużycia energii i poprawę ogólnej wydajności.

Kolejną zaletą układów FPGA jest możliwość ich dostosowania do indywidualnych potrzeb. Deweloperzy mogą programować układy FPGA dokładnie pod kątem potrzeb swoich aplikacji AI, co oznacza, że można je zoptymalizować pod kątem określonych zadań, takich jak szkolenie sieci neuronowych lub przeprowadzanie wnioskowania. Ta specjalizacja może sprawić, że układy FPGA będą bardziej wydajne w niektórych przypadkach użycia niż układy GPU lub TPU, które są zoptymalizowane pod kątem zadań przetwarzania równoległego, ale mogą nie osiągnąć takiej samej wydajności w przypadku określonych operacji AI.

Innym ważnym aspektem jest zdolność układów FPGA do dynamicznej rekonfiguracji w celu obsługi różnych zadań bez konieczności fizycznej interwencji lub wymiany sprzętu. Ta elastyczność pozwala na wykorzystanie tego samego zasobu FPGA do szerokiego zakresu zadań, amortyzując koszty inwestycji i zwiększając wszechstronność sprzętu.

W niektórych scenariuszach, układy FPGA mogą również oferować korzyści w zakresie opóźnień. Ponieważ można je zoptymalizować pod kątem określonych algorytmów, umożliwiają one potencjalnie szybsze przetwarzanie danych w porównaniu do układów GPU i

TPU, zwłaszcza w aplikacjach wymagających przetwarzania danych w czasie rzeczywistym.

Pomimo tych korzyści, istnieją wyzwania związane z wykorzystaniem układów FPGA, w tym złożoność programowania i potrzeba specjalistycznej wiedzy, aby w pełni wykorzystać ich możliwości. Niemniej jednak, w przypadku aplikacji wymagających wysokiej wydajności energetycznej, specyficznych wymagań przetwarzania lub elastyczności w dynamicznym dostosowywaniu się do różnych zadań, układy FPGA oferują potężne i elastyczne rozwiązanie, które czyni je cennym zasobem w środowisku sprzętowym sztucznej inteligencji.

Ewolucja nowoczesnych chipów do zastosowań AI

Ewolucja nowoczesnych chipów dla sztucznej inteligencji wyznacza niezwykły okres w historii technologii komputerowej, charakteryzujący się ciągłym dostosowywaniem do rosnących wymagań i złożoności aplikacji AI. Ewolucja ta odzwierciedla przejście od stosowania jednostek obliczeniowych ogólnego przeznaczenia, takich jak procesory, do zróżnicowanej gamy wyspecjalizowanych procesorów, z których każdy jest dostosowany do określonych aspektów obliczeń sztucznej inteligencji. Specjalizacja ta jest odpowiedzią na wykładniczo rosnącą ilość danych i rosnącą złożoność obliczeń wymaganych dla zaawansowanych modeli sztucznej inteligencji.

Historia rozwoju sprzętu specjalnie dla aplikacji AI.

Historia rozwoju sprzętu komputerowego przeznaczonego specjalnie do zastosowań związanych ze sztuczną inteligencją jest ściśle powiązana z rozwojem samej sztucznej inteligencji. Ta historia rozwoju nie tylko odzwierciedla postęp technologiczny, ale także rosnące zapotrzebowanie na specjalistyczny sprzęt, aby sprostać coraz większym wymaganiom systemów AI.

We wczesnych dniach badań nad sztuczną inteligencją w latach 50. i 60. skupiano się głównie na podstawach teoretycznych i algorytmicznych, a dostępny sprzęt był w dużej mierze ograniczony do komputerów ogólnego przeznaczenia. Te wczesne komputery były poważnie ograniczone pod względem mocy obliczeniowej i nie były specjalnie zaprojektowane do zadań związanych ze sztuczną inteligencją. Pomimo tych ograniczeń, badacze tacy jak Alan Turing i John McCarthy położyli podwaliny pod to, czym może stać się sztuczna inteligencja, wywołując dyskusje na temat inteligencji maszynowej i potencjału komputerów do symulowania inteligencji podobnej do ludzkiej.

Prawdziwy punkt zwrotny w rozwoju sprzętu dedykowanego sztucznej inteligencji nastąpił jednak znacznie później, wraz z pojawieniem się procesorów graficznych (GPU) w latach 90. ubiegłego wieku. Choć układy GPU zostały pierwotnie opracowane w celu akceleracji aplikacji graficznych w grach wideo i mediach wizualnych, naukowcy szybko odkryli ich zdolność do wydajnego wykonywania zadań równoległego przetwarzania danych. Odkrycie to było szczególnie istotne dla uczenia maszynowego i głębokiego uczenia, obszarów sztucznej inteligencji, które korzystają z możliwości jednoczesnego przetwarzania dużych ilości danych.

Wraz z wydaniem CUDA (Compute Unified Device Architecture) przez firmę NVIDIA w 2007 roku, naukowcom łatwiej było wykorzystać możliwości przetwarzania równoległego układów GPU do obliczeń ogólnego przeznaczenia (GPGPU - General-Purpose computing on Graphics Processing Units). Utorowało to drogę do masowego zastosowania procesorów graficznych w badaniach nad sztuczną inteligencją, ponieważ znacznie przyspieszyły one szkolenie głębokich sieci neuronowych, stanowiących podstawę wielu nowoczesnych systemów sztucznej inteligencji.

Firma Google wprowadziła następną generację wyspecjalizowanego sprzętu AI wraz z opracowaniem jednostek przetwarzania tensorowego (TPU), które zostały zaprezentowane publicznie w 2016 roku. Jednostki TPU zostały zaprojektowane od podstaw z myślą o wysoce wydajnych operacjach tensorowych, które są niezbędne do uczenia maszynowego i głębokiego uczenia. Ich wprowadzenie oznaczało znaczący postęp w zakresie możliwości trenowania i wykorzystywania złożonych modeli sztucznej inteligencji szybciej i bardziej energooszczędnie.

Równolegle, programowalne tablice bramek (FPGA) stały się elastyczną alternatywą dla niestandardowych aplikacji AI. Ich rekonfigurowalność pozwala deweloperom zoptymalizować sprzęt pod kątem konkretnych zadań AI, dzięki czemu układy FPGA są szczególnie cenne w zastosowaniach, w których standardowe procesory graficzne lub jednostki TPU nie są optymalne.

Najnowsze osiągnięcia w dziedzinie sprzętu AI mają na celu zapewnienie jeszcze bardziej wyspecjalizowanych i wydajnych rozwiązań do obliczeń AI. Obejmują one chipy neuromorficzne, które próbują replikować strukturę neuronową ludzkiego mózgu w celu dalszego zwiększenia wydajności energetycznej i mocy obliczeniowej, a także komputery kwantowe, które mogą zrewolucjonizować krajobraz sztucznej inteligencji dzięki ich zdolności do rozwiązywania złożonych problemów z niewyobrażalną wcześniej prędkością.

Ta ciągła ewolucja sprzętu AI nie tylko podkreśla postęp technologiczny, ale także ciągłe dążenie do bardziej wydajnych, potężnych i elastycznych systemów obliczeniowych, aby przesunąć granice tego, co jest możliwe dzięki sztucznej inteligencji i otworzyć nowe horyzonty w badaniach i zastosowaniach sztucznej inteligencji.

Specjalizacja i optymalizacja: od GPU do TPU i nie tylko.

Ewolucja sprzętu sztucznej inteligencji charakteryzuje się ciągłym trendem w kierunku specjalizacji i optymalizacji, począwszy od rozwoju i rozprzestrzeniania się procesorów graficznych, a skończywszy na jednostkach TPU i innych. Ruch ten odzwierciedla dążenie do tworzenia rozwiązań sprzętowych, które nie tylko radzą sobie z rosnącymi wymaganiami obciążeń AI, ale także maksymalizują efektywność i wydajność tych systemów.

Historia zaczyna się od uświadomienia sobie, że procesory graficzne (GPU) wyjątkowo dobrze nadają się do uczenia maszynowego, a w szczególności do trenowania głębokich sieci neuronowych, ze względu na ich zdolność do przetwarzania równoległego. Układy GPU, które pierwotnie zostały opracowane z myślą o zastosowaniach wymagających intensywnego przetwarzania grafiki, takich jak gry wideo, umożliwiają jednoczesne wykonywanie tysięcy obliczeń. Zdolność ta okazała się kluczowa dla przyspieszenia operacji AI, które obejmują podobnie równoległe obliczenia

Pojawienie się jednostek przetwarzania tensorowego (TPU) przeniosło specjalizację sprzętu AI na wyższy poziom. Opracowane przez Google i wprowadzone po raz pierwszy w 2016 roku, jednostki TPU są specjalnie zoptymalizowane pod kątem akceleracji obciążeń związanych ze sztuczną inteligencją i uczeniem maszynowym. W przeciwieństwie do układów GPU, które zostały zaprojektowane z myślą o szerokim zakresie obliczeń równoległych, TPU koncentrują się na wydajnym wykonywaniu operacji tensorowych, które są powszechne w głębokim uczeniu. Te wysoce wyspecjalizowane układy oferują korzyści pod względem przepustowości i efektywności energetycznej dla określonych zadań AI, zwłaszcza w zakresie szkolenia i wnioskowania modeli AI.

Ścieżka specjalizacji i optymalizacji nie kończy się na układach TPU. Branża nadal bada nowe architektury i technologie, które mogą jeszcze wydajniej radzić sobie z wyzwaniami związanymi z obciążeniami sztucznej inteligencji. Należą do nich chipy neuromorficzne, które naśladują sposób działania ludzkiego mózgu, aby umożliwić jeszcze wydajniejsze przetwarzanie zadań AI, oraz komputery kwantowe, które mają potencjał do rozwiązywania niektórych rodzajów problemów, które są niedostępne dla tradycyjnych, a nawet dzisiejszych najbardziej zaawansowanych komputerów.

Chipy neuromorficzne dążą do odtworzenia wydajności i zdolności adaptacyjnych sieci neuronowych w ludzkim mózgu na poziomie sprzętowym i mogą zwiastować nową erę wydajności energetycznej i mocy obliczeniowej dla aplikacji AI. Komputery kwantowe, choć nadal znajdują się na stosunkowo wczesnym etapie rozwoju, mogą dokonać rewolucyjnych przełomów w niektórych zadaniach, takich jak optymalizacja i materiałoznawstwo.

Rozwój ten podkreśla ciągłe dążenie w technologii sztucznej inteligencji: poszukiwanie coraz bardziej wyspecjalizowanego i zoptymalizowanego sprzętu, który będzie w stanie skutecznie sprostać złożonym i wymagającym dużej ilości danych wymaganiom nowoczesnych systemów sztucznej inteligencji. Choć układy GPU i TPU stanowią istotne kamienie milowe na tej drodze, ciągłe innowacje w tym obszarze wskazują na przyszłość, w której sprzęt AI będzie coraz bardziej zróżnicowany i dostosowany do konkretnych potrzeb i wyzwań stawianych przez następną generację algorytmów i aplikacji AI.

Chociaż integracja sztucznej inteligencji (AI) w smartfonach przynosi liczne korzyści i innowacyjne zastosowania, zarówno deweloperzy, jak i użytkownicy napotykają różne wyzwania i ograniczenia. Dotyczą one aspektów technicznych, a także kwestii etyki, bezpieczeństwa i akceptacji użytkowników.

Studia przypadków: sztuczna inteligencja w smartfonach i powiązane z nią chipy

Integracja sztucznej inteligencji ze smartfonami zaowocowała dużą liczbą aplikacji, które poprawiają komfort użytkowania w innowacyjny sposób. Oto kilka przykładów (bardziej szczegółowych w rozdziale "Smartfony jako platforma dla aplikacji AI"):

- Fotografia i przetwarzanie obrazu: Nowoczesne smartfony wykorzystują sztuczną inteligencję do zrewolucjonizowania fotografii.
- Osobiści asystenci: sterowani głosowo osobiści asystenci, tacy jak Siri, Google Assistant i Alexa, zasadniczo zmienili sposób, w jaki ludzie wchodzą w interakcje ze swoimi smartfonami.
- Monitorowanie stanu zdrowia: wspierane przez sztuczną inteligencję aplikacje zdrowotne na smartfony wykorzystują czujniki i analizę danych, aby zapewnić wgląd w stan fizyczny użytkownika.
- Funkcje bezpieczeństwa: Sztuczna inteligencja poprawia również bezpieczeństwo smartfonów, w szczególności dzięki biometrycznym metodom uwierzytelniania, takim jak rozpoznawanie twarzy i skanery linii papilarnych.

- Spersonalizowane rekomendacje i treści: Sztuczna inteligencja jest wykorzystywana do uczenia się preferencji użytkowników i oferowania spersonalizowanych treści, takich jak wiadomości, muzyka lub rekomendacje wideo. Analiza podstawowych chipów i sprzętu, które umożliwiają działanie tych aplikacji.

Aplikacje AI w smartfonach są możliwe dzięki zaawansowanej technologii sprzętowej i chipowej zaprojektowanej specjalnie do wydajnego wykonywania algorytmów AI i uczenia maszynowego. Technologie te obejmują wyspecjalizowane procesory, układy AI i czujniki, które współpracują ze sobą, aby zapewnić moc obliczeniową, wydajność energetyczną i funkcjonalność wymaganą w nowoczesnych aplikacjach na smartfony.

Wyspecjalizowane procesory

Nowoczesne smartfony zawierają wydajne procesory główne (CPU), które są przeznaczone do ogólnych zadań obliczeniowych, oraz procesory graficzne (GPU), które szczególnie dobrze nadają się do obliczeń AI ze względu na ich możliwości przetwarzania równoległego. Procesory te mogą wykonywać dużą liczbę operacji jednocześnie, dzięki czemu idealnie nadają się do przetwarzania złożonych modeli sztucznej inteligencji.

Dedykowane chipy AI

Integracja dedykowanych chipów sztucznej inteligencji lub jednostek przetwarzania neuronowego (NPU) w smartfonach to znaczący postęp w technologii mobilnej, który zasadniczo zmienia sposób, w jaki urządzenia przetwarzają zadania związane ze sztuczną inteligencją. Te wyspecjalizowane układy zostały zaprojektowane w celu wydajnego uruchamiania algorytmów uczenia maszynowego i głębokiego uczenia bezpośrednio na smartfonie, bez potrzeby stałego połączenia z chmurą. Rozwój ten umożliwia uruchamianie aplikacji AI, takich jak rozpoznawanie mowy i obrazu, tłumaczenie w czasie rzeczywistym, rzeczywistość rozszerzona (AR) i wiele innych bezpośrednio na urządzeniu.

Zalety dedykowanych chipów AI są następujące:

- Przyspieszona wydajność: Dzięki optymalizacji pod kątem obliczeń AI, dedykowane układy AI mogą wykonywać zadania takie jak rozpoznawanie obrazu, przetwarzanie mowy i inne aplikacje AI znacznie szybciej niż konwencjonalne procesory. Prowadzi to do zauważalnego przyspieszenia aplikacji wykorzystujących funkcje AI i poprawia wrażenia użytkownika dzięki krótszym czasom reakcji.
- Lepsza wydajność energetyczna: chipy AI są nie tylko szybsze, ale także bardziej energooszczędne podczas wykonywania zadań AI. Minimalizując energię potrzebną do obliczeń AI,

pomagają wydłużyć żywotność baterii urządzeń. Jest to szczególnie ważne w przypadku energochłonnych aplikacji, takich jak asystenci głosowi lub zaawansowane funkcje kamery.

- Ochrona danych: Możliwość przetwarzania zadań związanych ze sztuczną inteligencją bezpośrednio na urządzeniu minimalizuje potrzebę wysyłania danych osobowych na zewnętrzne serwery lub do chmury w celu ich przetworzenia. Zmniejsza to obawy o prywatność i zwiększa bezpieczeństwo danych użytkownika, ponieważ poufne informacje nie muszą opuszczać urządzenia.

Przykłady chipów AI w smartfonach

Silnik neuronowy Apple

Neural Engine firmy Apple jest integralną częścią chipów z serii A, które można znaleźć w iPhone'ach i innych urządzeniach Apple. Ten wyspecjalizowany sprzęt sztucznej inteligencji został zaprojektowany w celu radykalnej poprawy wydajności i wydajności operacji uczenia maszynowego na urządzeniu. Integrując Neural Engine z chipami serii A, Apple jest w stanie zaoferować zaawansowane funkcje wykorzystujące głębokie uczenie i sztuczną inteligencję bezpośrednio na smartfonie, bez polegania na zewnętrznych serwerach.

Funkcje i zastosowania:

- Rozpoznawanie twarzy za pomocą Face ID: Być może najbardziej znanym zastosowaniem silnika neuronowego jest technologia Face ID firmy Apple, która umożliwia bezpieczne uwierzytelnianie biometryczne. Face ID wykorzystuje szczegółową mapę głębi twarzy użytkownika stworzoną przez uczenie maszynowe, aby zapewnić bezpieczne i dokładne rozpoznawanie twarzy. Technologia ta pozwala użytkownikom na odblokowanie urządzenia, autoryzację płatności i dostęp do wrażliwych aplikacji po prostu patrząc w kamerę. Silnik neuronowy przetwarza te dane z dużą szybkością i wydajnością, aby zapewnić płynne wrażenia użytkownika.
- Animowane emotikony (Animojis): Kolejną atrakcją jest możliwość tworzenia i używania Animojis. Animojis to animowane emotikony, które przechwytują i naśladują mimikę użytkownika w czasie rzeczywistym. Neural Engine analizuje ponad 50 różnych mięśni twarzy użytkownika, aby animować emoji, które odzwierciedlają śmiech, marszczenie brwi, kiwanie głową i inne wyrazy twarzy w czasie rzeczywistym. Funkcja ta wykorzystuje zaawansowane możliwości uczenia maszynowego Neural Engine, aby umożliwić nową formę cyfrowej ekspresji.
- Ulepszone funkcje aparatu: Funkcje aparatu w iPhone'ach przeszły trwałe ulepszenia dzięki wykorzystaniu silnika Neural Engine. Silnik ten obsługuje zaawansowane funkcje przetwarzania

obrazu, takie jak tryb portretowy, który tworzy efekt głębi poprzez skupienie się na obiekcie przy jednoczesnym rozmyciu tła. Umożliwia również takie funkcje jak Smart HDR, która łączy wiele zdjęć w jeden obraz o zoptymalizowanym zakresie dynamicznym i szczegółowości. Procesy te wymagają intensywnych obliczeń sztucznej inteligencji, które mogą być wydajnie wykonywane na urządzeniu dzięki silnikowi neuronowemu.

Integracja Neural Engine z chipami serii A oznacza, że zadania przetwarzania AI mogą być wykonywane lokalnie na urządzeniu i z wyjątkową prędkością. Oferuje to szereg korzyści, w tym lepszą prywatność i bezpieczeństwo, ponieważ dane nie muszą być wysyłane na zewnętrzne serwery. Ponadto wydajne przetwarzanie skutkuje dłuższą żywotnością baterii i szybszą ogólną wydajnością urządzenia. Z każdą nową generacją chipów serii A i ich zintegrowanym silnikiem neuronowym, Apple wyznacza nowe standardy w technologii smartfonów, jeszcze bardziej rozszerzając możliwości uczenia maszynowego i sztucznej inteligencji.

Jednostka przetwarzania tensorowego Google (TPU)

Wykorzystanie przez Google Tensor Processing Unit (TPU) w smartfonach Pixel jest uderzającym przykładem tego, jak dedykowany sprzęt AI może poprawić funkcjonalność i wrażenia użytkownika urządzeń mobilnych. Pierwotnie opracowany do użytku w centrach danych w celu zwiększenia wydajności uczenia maszynowego i aplikacji AI, Google dostosował technologię TPU, aby zintegrować ją ze swoimi smartfonami Pixel. Adaptacja ta umożliwia urządzeniom uruchamianie zaawansowanych procesów sztucznej inteligencji i uczenia maszynowego bezpośrednio na urządzeniu bez potrzeby stałego połączenia z zasobami obliczeniowymi w chmurze.

- Ulepszone funkcje aparatu: Jedną z wyróżniających się cech smartfonów Pixel jest ich aparat. Integracja TPU umożliwia uruchamianie zaawansowanych algorytmów przetwarzania obrazu bezpośrednio na urządzeniu. Prowadzi to do takich funkcji, jak tryb Night Sight, który umożliwia imponujące zdjęcia przy słabym oświetleniu bez lampy błyskowej, wykorzystując algorytmy oparte na sztucznej inteligencji w celu poprawy jasności i jakości obrazu. Inne funkcje aparatu, które korzystają z TPU, obejmują tryb portretowy, który tworzy efekt bokeh poprzez skupienie się na obiekcie i rozmycie tła, oraz HDR +, który poprawia zakres dynamiczny i szczegółowość zdjęć.
- Przetwarzanie głosu: TPU poprawia również możliwości przetwarzania głosu w smartfonach Pixel. Obejmuje to rozpoznawanie głosu, które ma kluczowe znaczenie dla funkcji takich jak Asystent Google, a także możliwość szybkiego i dokładnego przetwarzania poleceń głosowych.

Przetwarzanie na urządzeniu umożliwia szybszy czas reakcji Asystenta i zwiększa prywatność poprzez zmniejszenie ilości danych, które muszą być wysyłane do chmury w celu przetworzenia.

- Spersonalizowane doświadczenia użytkownika: Ponadto TPU umożliwia spersonalizowane doświadczenia użytkownika poprzez dostosowanie i optymalizację urządzenia w oparciu o zachowanie i preferencje użytkownika. Może to obejmować dostosowywanie powiadomień i sugestii do optymalizacji żywotności baterii poprzez uczenie się, które aplikacje i usługi są najczęściej używane i jak najlepiej oszczędzać energię.
- Ochrona i bezpieczeństwo danych: Główną zaletą przetwarzania zadań AI bezpośrednio na urządzeniu jest poprawa ochrony i bezpieczeństwa danych. Przetwarzanie i przechowywanie danych osobowych, takich jak zdjęcia, nagrania głosowe i zachowanie użytkownika na urządzeniu, zmniejsza ryzyko, że te wrażliwe informacje mogą zostać naruszone.

Integracja Tensor Processing Unit w smartfonach Pixel pokazuje, jak dedykowane chipy AI mogą nie tylko poprawić wydajność i efektywność urządzeń mobilnych, ale także umożliwić zupełnie nowe funkcje i aplikacje, które wzbogacają wrażenia użytkownika. Dzięki smartfonom Pixel, Google ustanawia standard wykorzystania sztucznej inteligencji w urządzeniach mobilnych, łącząc potężny sprzęt z innowacyjnym oprogramowaniem, aby osiągnąć imponujące wyniki.

Chipset Huawei Kirin z NPU

Integrując dedykowane jednostki przetwarzania neuronowego (NPU) w swoich chipsetach Kirin, Huawei stał się pionierem w stosowaniu wyspecjalizowanego sprzętu AI w smartfonach.

Ta strategiczna decyzja umożliwia urządzeniom Huawei wykonywanie zaawansowanych zadań opartych na sztucznej inteligencji bezpośrednio na smartfonie z wydajnością i szybkością, która wcześniej nie była możliwa. Optymalizując chipsety Kirin pod kątem aplikacji AI, Huawei oferuje użytkownikom ulepszone funkcje i ogólnie lepszą wydajność, szczególnie w obszarach aparatu, tłumaczenia głosu i zarządzania energią.

- Funkcje aparatu sterowane przez sztuczną inteligencję: Jedną z najbardziej zauważalnych zalet NPU w chipsetach Huawei Kirin jest ulepszenie funkcji aparatu. Rozpoznawanie scen, możliwe dzięki uczeniu maszynowemu, może identyfikować różne obiekty i scenariusze - takie jak krajobrazy, portrety, zwierzęta lub żywność - i automatycznie dostosowywać ustawienia aparatu, aby uzyskać najlepsze możliwe ujęcie. Obejmuje to regulacje, takie jak ekspozycja, nasycenie, a nawet zastosowanie określonych filtrów w celu wizualnego ulepszenia zdjęcia. Możliwość dostosowywania ustawień w czasie rzeczywistym w oparciu o to, co "widzi" aparat, rewolucjonizuje fotografię mobilną, umożliwiając nawet amatorom robienie profesjonalnie wyglądających zdjęć.

- Tłumaczenia językowe w czasie rzeczywistym: NPU przyczynia się również do zdolności urządzeń Huawei do wykonywania tłumaczeń językowych w czasie rzeczywistym. Funkcja ta jest szczególnie przydatna dla osób podróżujących i biznesmenów, którzy muszą komunikować się w innych krajach bez znajomości języka. Przetwarzanie na urządzeniu nie tylko zapewnia szybkie i płynne tłumaczenie, ale także poprawia prywatność, ponieważ dane głosowe nie muszą być wysyłane na zewnętrzne serwery.
- Optymalizacja zużycia energii: Kolejną ważną zaletą integracji NPU z chipsetem Kirin jest optymalizacja zużycia energii. Algorytmy sztucznej inteligencji mogą uczyć się zachowań użytkownika i przewidywać, które aplikacje i funkcje są najczęściej używane, aby dostosować strategie zarządzania energią. Można to zrobić na przykład poprzez wyłączenie rzadko używanych aplikacji lub funkcji w celu wydłużenia żywotności baterii. Zdolność do inteligentnego zarządzania zużyciem energii jest

szczególnie ważna w czasach, gdy czas spędzany przed ekranem i wykorzystanie danych mobilnych stale rosną.

Zintegrowanie przez Huawei dedykowanej jednostki NPU z chipsetami Kirin pokazuje zaangażowanie firmy w przesuwanie granic technologii mobilnej i zapewnianie użytkownikom potężnych funkcji opartych na sztucznej inteligencji. Lokalizując przetwarzanie AI w urządzeniu, chipsety Kirin nie tylko poprawiają szybkość i wydajność zadań AI, ale także przyczyniają się do bezpieczeństwa danych i efektywności energetycznej. Osiągnięcia te podkreślają rosnące znaczenie wyspecjalizowanego sprzętu AI w ewolucji technologii smartfonów i wyznaczają nowe standardy tego, czego oczekuje się od urządzeń mobilnych.

Ogólnie rzecz biorąc, integracja dedykowanych chipów AI w smartfonach jest wyraźnym sygnałem tego, jak AI przekształca technologię mobilną. Nie tylko umożliwia nowe i ulepszone funkcje, które wzbogacają doświadczenia użytkownika, ale także rozwiązuje ważne obawy, takie jak prywatność danych i efektywność energetyczna. W miarę rozwoju technologii AI oczekuje się, że przyszłe generacje smartfonów będą integrować jeszcze bardziej wydajne i wyspecjalizowane chipy AI, otwierając nowe możliwości dla aplikacji i usług mobilnych.

Czujniki i inne komponenty sprzętowe

Oprócz procesorów i chipów AI, czujniki odgrywają kluczową rolę w umożliwianiu aplikacji AI na smartfonach. Kamery, mikrofony, akcelerometry, żyroskopy i inne czujniki przechwytują różnorodne dane, które służą jako dane wejściowe dla algorytmów sztucznej inteligencji. Czujniki te umożliwiają takie funkcje, jak rozpoznawanie twarzy, asystenci głosowi, monitorowanie stanu zdrowia i informacje kontekstowe poprzez ciągłe gromadzenie informacji o środowisku i użytkowniku.

Optymalizacje na poziomie oprogramowania

Aby w pełni wykorzystać wydajność sprzętu, producenci smartfonów i programiści pracują również nad optymalizacjami oprogramowania, takimi jak ramy uczenia maszynowego i integracje systemu operacyjnego, które są specjalnie dostosowane do sprzętu. Te narzędzia programowe i biblioteki umożliwiają programistom efektywne wdrażanie i wykorzystywanie funkcji sztucznej inteligencji poprzez uproszczenie komunikacji między oprogramowaniem aplikacji a sprzętem.

Połączenie wyspecjalizowanych procesorów, dedykowanych chipów AI, zaawansowanych czujników i optymalizacji oprogramowania stanowi podstawę zaawansowanych aplikacji AI, które można znaleźć w nowoczesnych smartfonach. Te postępy technologiczne umożliwiają smartfonom podejmowanie coraz bardziej złożonych zadań i zapewniają użytkownikom bogatsze i bardziej płynne wrażenia. Wraz z ciągłym ulepszaniem sprzętu możemy spodziewać się jeszcze bardziej innowacyjnych funkcji i aplikacji opartych na sztucznej inteligencji, które mogą zasadniczo zmienić sposób, w jaki wchodzimy w interakcję z urządzeniami mobilnymi.

Przyszłe trendy i innowacje

Przyszły rozwój chipów AI i ich wpływ na technologie smartfonów zapowiada przesunięcie granic możliwości urządzeń mobilnych. Oczekuje się, że rozwój ten będzie charakteryzował się szeregiem trendów i innowacji, które nie tylko poprawią wydajność i efektywność, ale także otworzą nowe zastosowania sztucznej inteligencji w świecie mobilnym.

Dalszy rozwój wyspecjalizowanych chipów AI

Nacisk na energooszczędne, wysokowydajne chipy AI będzie kontynuowany, ponieważ producenci chipów dążą do zwiększenia mocy obliczeniowej przy jednoczesnym zminimalizowaniu zużycia energii. Możemy spodziewać się coraz większej integracji chipów AI, które są jeszcze lepiej dostosowane do konkretnych obciążeń związanych ze sztuczną inteligencją i uczeniem maszynowym. Rozwój ten umożliwi smartfonom uruchamianie jeszcze bardziej złożonych modeli sztucznej inteligencji bezpośrednio na urządzeniu, co przełoży się na szybsze i bardziej spersonalizowane doświadczenia użytkowników bez narażania prywatności.

Poprawa efektywności energetycznej

Biorąc pod uwagę ograniczoną baterię w smartfonach, optymalizacja wydajności energetycznej chipów AI pozostanie kluczowym zagadnieniem. Postępy w technologii chipów, takie jak wykorzystanie bardziej zaawansowanych procesów produkcyjnych i architektur zaprojektowanych specjalnie z myślą o niskim zużyciu energii, pomogą wydłużyć żywotność baterii przy jednoczesnym wspieraniu potężnych możliwości sztucznej inteligencji.

Integracja sztucznej inteligencji we wszystkich aspektach technologii smartfonów

Integracja chipów AI w smartfonach stanowi punkt zwrotny w ewolucji technologii mobilnych. Rozwój ten obiecuje nie tylko ulepszenie istniejących funkcji, ale także wprowadzenie zupełnie nowych możliwości, które mogą zasadniczo zmienić wrażenia użytkownika. Chipy AI zapewniają niezbędną moc obliczeniową bezpośrednio w urządzeniu, aby wydajnie uruchamiać złożone algorytmy bez konieczności polegania na połączeniu z zewnętrznymi serwerami. Otwiera to świat możliwości dla producentów smartfonów i twórców aplikacji do wdrażania innowacyjnych funkcji, które wcześniej były nierealne.

- Ulepszony interfejs użytkownika i sterowanie gestami: Dzięki chipom sztucznej inteligencji smartfony mogą uczyć się i dostosowywać do preferencji i nawyków swoich użytkowników, tworząc spersonalizowany i intuicyjny interfejs użytkownika. Może to oznaczać, że aplikacje i ustawienia będą automatycznie dostosowywane w oparciu o kontekst i porę dnia, aby zoptymalizować wrażenia użytkownika. Podobnie, sztuczna inteligencja mogłaby poprawić kontrolę gestów poprzez dokładniejszą interpretację intencji użytkownika, umożliwiając płynniejszą interakcję z urządzeniem.

- Zaawansowane funkcje bezpieczeństwa: Chipy AI wzmacniają funkcje bezpieczeństwa smartfonów poprzez bardziej precyzyjną analizę danych biometrycznych, poprawiając dokładność rozpoznawania funkcji, takich jak rozpoznawanie twarzy i skanery linii papilarnych. Ponadto systemy bezpieczeństwa oparte na sztucznej inteligencji mogą rozpoznawać nietypową lub podejrzaną aktywność na urządzeniu i podejmować proaktywne działania w celu zapobiegania naruszeniom danych.
- Adaptacyjne zarządzanie energią: Analizując dane i wzorce użytkowania, sztuczna inteligencja może zrewolucjonizować zarządzanie energią w smartfonach. Chipy AI umożliwiają urządzeniu optymalizację zużycia energii poprzez dostosowanie wydajności aplikacji i funkcji w oparciu o rzeczywiste wykorzystanie. Może to oznaczać dłuższą żywotność baterii i bardziej wydajne procesy ładowania,

zwiększając ogólne zadowolenie użytkowników z ich urządzeń.
- Lepsza łączność i integracja ekosystemu: chipy AI mogą również zmienić sposób interakcji smartfonów z innymi urządzeniami i usługami. Przetwarzając dane w czasie rzeczywistym, smartfony oparte na sztucznej inteligencji mogą zapewnić bardziej płynną łączność i interakcję z szeroką gamą urządzeń, takich jak inteligentne systemy domowe, pojazdy i urządzenia do noszenia. Nie tylko poprawiłoby to wrażenia użytkownika w ramach połączonego ekosystemu, ale także otworzyłoby nowe możliwości automatyzacji i personalizacji ponad granicami urządzeń.

Edge computing i rola chmury obliczeniowej

Przeniesienie aplikacji AI ze scentralizowanych serwerów w chmurze do zdecentralizowanego przetwarzania bezpośrednio na urządzeniach końcowych, znane jako AI at the edge lub edge AI, oznacza transformację w przyszłym wdrażaniu i wykorzystaniu technologii AI. Ruch ten przybliża algorytmy sztucznej inteligencji do źródła gromadzenia danych - tj. bezpośrednio do smartfonów, urządzeń IoT i innych urządzeń brzegowych - i jest napędzany przez połączenie czynników technologicznych, związanych z bezpieczeństwem i praktycznych.

Jednym z głównych czynników napędzających ten rozwój jest znaczący postęp w technologii półprzewodnikowej, który doprowadził do powstania mocniejszych i bardziej energooszczędnych procesorów. Procesory te są w stanie przetwarzać złożone algorytmy sztucznej inteligencji lokalnie na urządzeniu, bez konieczności łączenia się ze zdalnymi serwerami w chmurze. Wyspecjalizowane chipy AI, które są zintegrowane z nowoczesnymi smartfonami i urządzeniami brzegowymi, umożliwiają szybkie i wydajne przetwarzanie danych bezpośrednio u ich źródła.

Kolejnym czynnikiem decydującym o przejściu na brzegową sztuczną inteligencję jest rosnąca świadomość w zakresie ochrony i bezpieczeństwa danych. Dzięki przetwarzaniu danych bezpośrednio na urządzeniu, dane osobowe pozostają chronione, a ryzyko naruszenia danych z powodu przesyłania wrażliwych danych przez Internet jest zminimalizowane. Wzmacnia to zaufanie użytkowników do technologii i sprzyja jej akceptacji.

Redukcja opóźnień to kolejna istotna zaleta edge AI. Eliminując potrzebę wysyłania danych do zdalnego serwera w celu analizy i oczekiwania na odpowiedź, urządzenia brzegowe mogą reagować w czasie rzeczywistym. Jest to szczególnie istotne w przypadku aplikacji, które wymagają szybkich decyzji, takich jak autonomiczne pojazdy lub medyczne urządzenia monitorujące.

Edge AI poprawia również dostępność aplikacji AI, ponieważ urządzenia mogą działać niezależnie od połączenia internetowego. Rozszerza to możliwości wykorzystania sztucznej inteligencji w obszarach o słabym zasięgu sieci lub w sytuacjach, w których nie można niezawodnie nawiązać połączenia.

Pomimo tych licznych zalet, deweloperzy i użytkownicy wciąż stoją przed wyzwaniami. Ograniczone zasoby urządzeń brzegowych pod względem mocy obliczeniowej, pamięci i pojemności energetycznej to ograniczenia, które należy przezwyciężyć. Ponadto zarządzanie i utrzymywanie modeli AI na różnych rozproszonych urządzeniach wymaga znacznego wysiłku, aby zapewnić spójność i bezpieczeństwo. Wreszcie, optymalizacja modeli sztucznej inteligencji pod kątem działania na sprzęcie o ograniczonych zasobach wymaga specjalistycznej wiedzy i dostosowanych narzędzi programistycznych.

Ogólnie rzecz biorąc, sztuczna inteligencja na brzegu sieci stanowi zmianę paradygmatu, która na nowo definiuje sposób, w jaki urządzenia przetwarzają dane i reagują na nie. Rozwój ten zapowiada erę inteligentnych, autonomicznych i przyjaznych dla prywatności aplikacji, które mogą zasadniczo zmienić sposób, w jaki rozumiemy technologię i wchodzimy z nią w interakcje. Pomimo istniejących wyzwań, korzyści płynące ze sztucznej inteligencji brzegowej są oczywiste, a jej ciągła integracja z urządzeniami codziennego użytku będzie nadal otwierać nowe i innowacyjne możliwości zastosowań.

Nowe materiały i techniki produkcji

Badania w dziedzinie sztucznej inteligencji i związanego z nią sprzętu szybko się rozwijają i obejmują znacznie więcej niż tylko optymalizację istniejących architektur chipów. Głównym celem badań jest opracowanie nowych materiałów i technik produkcji, które mogą zrewolucjonizować następną generację chipów AI. Innowacje te mają na celu stworzenie chipów, które są nie tylko lepsze pod względem szybkości przetwarzania i wydajności, ale także wyznaczają nowe standardy pod względem wielkości i efektywności energetycznej.

Badania nad nowymi materiałami odgrywają kluczową rolę w przezwyciężaniu fizycznych ograniczeń półprzewodników na bazie krzemu, które od dziesięcioleci stanowią podstawę technologii chipów. Materiały takie jak grafen lub dwusiarczek molibdenu (MoS2) są w centrum uwagi, ponieważ mają wyjątkowe właściwości elektroniczne, termiczne i mechaniczne, które czynią je potencjalnie lepszymi. Materiały te mogą stanowić podstawę dla chipów, które są cieńsze, bardziej elastyczne i bardziej energooszczędne przy zachowaniu tej samej wydajności.

Równolegle do innowacji materiałowych, znaczący postęp dokonał się również w technologii produkcji. Rozwój nowych metod, takich jak integracja 3D, w której kilka warstw chipów jest ułożonych jedna na drugiej, umożliwia znacznie gęstsze upakowanie tranzystorów.

Prowadzi to nie tylko do wzrostu wydajności i efektywności, ale także umożliwia produkcję mniejszych i lżejszych urządzeń. Ponadto zastosowanie litografii w ekstremalnym ultrafiolecie (EUV) obiecuje produkcję struktur na jeszcze mniejszą skalę, umożliwiając dalszą miniaturyzację i zwiększenie wydajności chipów.

Innym ekscytującym obszarem badań, który przesuwa granice tradycyjnej technologii chipów, są obliczenia kwantowe. Chociaż komputery kwantowe są wciąż w powijakach, a ich bezpośrednie zastosowanie w urządzeniach codziennego użytku jest bardzo odległe, podstawowe zasady obliczeń kwantowych mogą otworzyć nowe możliwości dla architektury chipów sztucznej inteligencji. Bity kwantowe, czyli qubity, oferują możliwość wykonywania obliczeń w sposób, który nie jest możliwy w przypadku konwencjonalnych bitów i mogą pewnego dnia doprowadzić do wykładniczego wzrostu wydajności przetwarzania.

Pomimo ogromnego potencjału tych innowacji, naukowcy i inżynierowie stoją przed poważnymi wyzwaniami. Integracja nowych materiałów i technik wytwarzania z masową produkcją wymaga szeroko zakrojonych badań i rozwoju, a także inwestycji w nowe zakłady produkcyjne i procesy. Ponadto należy zająć się kwestiami kompatybilności, niezawodności i opłacalności.

Jednak postępy w rozwoju nowych materiałów, technik produkcji i modeli teoretycznych, takich jak obliczenia kwantowe, wskazują na obiecującą przyszłość. Mogą one doprowadzić do powstania chipów AI, które będą nie tylko bardziej wydajne i energooszczędne, ale także otworzą nowe formy i możliwości zastosowań. Rozwój ten może zasadniczo zmienić sposób, w jaki wchodzimy w interakcje z technologią i korzystamy z niej, a także zapoczątkować nową erę cyfrowych innowacji.

Przyszły rozwój chipów AI obiecuje zatem znacznie rozszerzyć możliwości smartfonów, umożliwiając tworzenie bardziej wydajnych, wydajnych i inteligentnych urządzeń. Postępy te nie tylko poprawią specyfikacje techniczne smartfonów, ale także otworzą nowe możliwości zastosowania sztucznej inteligencji w naszym codziennym życiu, nadal zmieniając i ulepszając sposób, w jaki wchodzimy w interakcję z technologią.

Wyzwania w dalszym rozwoju chipów obsługujących sztuczną inteligencję dla smartfonów

Dalszy rozwój chipów obsługujących sztuczną inteligencję dla smartfonów znajduje się w centrum innowacji technologicznych, ale wiąże się również z określonymi wyzwaniami. Obejmują one ograniczenia techniczne, obawy o prywatność i kwestie zrównoważonego rozwoju. Dyskusja na temat tych wyzwań rzuca światło na złożoność branży smartfonów i oferuje wgląd w przyszłość mobilnej sztucznej inteligencji.

- Efektywność energetyczna a wydajność: Jednym z największych dylematów w rozwoju chipów

AI dla smartfonów jest równowaga między wydajnością a zużyciem energii. Aplikacje AI wymagają znacznej mocy obliczeniowej, co stoi w bezpośrednim konflikcie z celem efektywności energetycznej, jakim jest wydłużenie czasu pracy baterii. Rozwój chipów, które są zarówno wydajne, jak i energooszczędne, pozostaje kluczowym wyzwaniem.
- Miniaturyzacja: Trwająca miniaturyzacja technologii układów scalonych osiąga fizyczne granice pod względem gęstości upakowania tranzystorów i związanego z tym rozpraszania ciepła. Ograniczenia te wymagają innowacyjnego podejścia w architekturze chipów i procesach produkcyjnych w celu dalszego zwiększenia wydajności bez zwiększania rozmiaru urządzenia lub generowania nadmiernego ciepła.
- Koszt: Rozwój i produkcja zaawansowanych chipów AI jest kosztowna. Koszty te mogą wpływać na cenę smartfonów, potencjalnie ograniczając dostępność i penetrację rynku przez zaawansowane funkcje AI.
- Ochrona danych: Wraz z rosnącym przetwarzaniem danych osobowych bezpośrednio na urządzeniu przez chipy AI, rosną również obawy o ochronę danych. Zapewnienie ochrony tych danych przed nieuprawnionym dostępem stanowi poważne wyzwanie.

- Bezpieczeństwo: Złożoność chipów AI i działających na nich algorytmów zwiększa ryzyko luk w zabezpieczeniach, które mogą zostać wykorzystane przez złośliwe podmioty. Zapewnienie bezpieczeństwa tych chipów przed atakami ma kluczowe znaczenie dla ochrony danych użytkowników i integralności urządzeń.
- Zużycie zasobów: Produkcja zaawansowanych chipów AI wymaga znacznych ilości rzadkich materiałów i zasobów, których wydobycie i przetwarzanie może budzić obawy środowiskowe i społeczno-polityczne.
- Odpady i recykling: Wraz z szybkim postępem technologicznym i wynikającym z niego cyklem modernizacji i wymiany starych urządzeń, pojawiają się wyzwania związane z odpadami elektronicznymi i recyklingiem cennych materiałów.

Pokonanie tych wyzwań wymaga połączenia ciągłych badań i rozwoju, interdyscyplinarnej współpracy oraz zaangażowania w przestrzeganie standardów etycznych i zrównoważonego rozwoju. Podczas gdy innowacje technologiczne mogą zapewnić rozwiązania niektórych z tych problemów, inne wyzwania wymagają starannego procesu równoważenia korzyści płynących z zastosowań sztucznej inteligencji z potencjalnym wpływem na prywatność, bezpieczeństwo i środowisko. Przyszłość chipów wykorzystujących sztuczną inteligencję w smartfonach będzie zatem charakteryzować się nie tylko - niemal nieuniknionymi - przełomami technologicznymi, ale także zdolnością branży do działania w sposób odpowiedzialny i zgodny z wartościami społecznymi.

Być może jesteśmy w przededniu znaczących przełomów technologicznych, które będą możliwe dzięki sztucznej inteligencji. Od medycyny, gdzie sztuczna inteligencja może zapewnić dokładniejsze diagnozy i spersonalizowane plany leczenia, po nauki o środowisku, gdzie może odgrywać rolę w monitorowaniu i zwalczaniu zmian klimatu, zastosowania są różnorodne. W przemyśle automatyzacja dzięki sztucznej inteligencji może prowadzić do bardziej wydajnych procesów produkcyjnych, podczas gdy w edukacji można tworzyć spersonalizowane doświadczenia edukacyjne dla każdego ucznia.

Wprowadzenie kolejnych technologii sztucznej inteligencji prawdopodobnie przyniesie znaczące zmiany gospodarcze i społeczne. Podczas gdy niektóre zawody mogą zostać zastąpione przez automatyzację, mogą pojawić się nowe miejsca pracy wymagające specjalistycznych umiejętności. Zmiana ta może doprowadzić do redystrybucji siły roboczej i zwiększyć zapotrzebowanie na przekwalifikowanie i podnoszenie kwalifikacji. Jednocześnie sztuczna inteligencja może pomóc w sprostaniu wyzwaniom społecznym, na przykład poprzez poprawę dostępu do opieki zdrowotnej i edukacji.

Rosnąca obecność sztucznej inteligencji rodzi również trwałe pytania natury etycznej i moralnej. Kwestie takie jak podejmowanie decyzji przez algorytmy, prywatność danych i potencjalna utrata interakcji międzyludzkich wymagają starannego rozważenia. Konieczne będzie opracowanie ram etycznych, które zapewnią, że sztuczna inteligencja będzie wykorzystywana z korzyścią dla wszystkich i nie doprowadzi do wzrostu nierówności.

Regulacja sztucznej inteligencji odegra kluczową rolę w znalezieniu zrównoważonego podejścia do promowania innowacji i ochrony społeczeństwa przed potencjalnymi zagrożeniami. Opracowanie międzynarodowych standardów i wytycznych może pomóc zmaksymalizować pozytywne aspekty sztucznej inteligencji przy jednoczesnym zminimalizowaniu niepożądanych konsekwencji.

Refleksja nad przyszłością sztucznej inteligencji maluje obraz pełen potencjału i wyzwań. Kluczem do sukcesu jest zrównoważone podejście, które uwzględnia postęp technologiczny, kwestie etyczne, wartości społeczne i warunki ekonomiczne. Ostatecznie naszym wspólnym obowiązkiem jest kształtowanie rozwoju i wdrażania technologii AI w taki sposób, aby przyczyniały się one do jak największych korzyści dla całego społeczeństwa.